KB073575

마음
대로 말~~~
하기

마음 대로 말~~ 하기

유내경 지음

활자공업소

* 일러두기: 본문의 로우 파워(Low Power)는 국립국어원의 용례에 기준하여 '로'라고 표기하는 것이 옳

으나, 이 책에서는 보다 편한 읽기를 위해 '로우'로 표기했습니다.

추천의 말

유내경 님은 제 학생이었고, 문화방송의 아나운서 후배이기도 합니다. 세월이 흐른 지금 저는 그를 선생이라고 부릅니다. 이 책의 내용을 살펴보면서 '선생 유내경'이라 한 것이 헛말이 아님을 거듭 확인했습니다.

'마음대로 말하기'는 중의적입니다. 하고 싶은 대로, 제멋대로, 마음대로, 온전한 제 뜻을 담아, 그러니까 솔직하게. 좋은 스피치는 곧 '자신의 이야기를 하는 것'이지요. 아나운서로 익힌 실전 경험에 스피치 코칭으로 이어온 저자의 《마음대로 말하기》는 그래서 멋 부리지 않은 말하기 지침서입니다.

— MBC 플레이비 대표이사, 전 문화방송 아나운서국장 강재형

사업가들을 상대로 한 팟캐스트를 300회 넘게 함께 진행한 파트너이자, 회사의 여러 주요 행사 진행을 부탁한 회사 대표로서 나는 유내경 대표님의 말하기 능력에 늘 감탄해왔다.

　그녀의 말은 그녀의 마음이고, 그녀의 마음은 참 유쾌하게 엘러건트하고 따뜻하다. 그 마음 그대로 말하기 때문에 꾸밀 필요도 없고, 그래서 사람의 마음에 파고들어 연결된다.

　말을 잘하기 위한 기교를 가르치는 것이 아니라 더 깊은 인간 존재의 작동원리 이해를 바탕으로 훈련을 시키기에 유내경 대표님의 교육은 효과적이다. 수십 년의 경험으로 말 좀 한다는 자부심이 있었던 나도 대표님과의 단 몇 차례 코칭으로 훨씬 더 나답게 말할 수 있게 되었다.

　《마음대로 말하기》는 나의 말하기 코치인 그녀의 노하우를 군더더기 없이 담은 수작이다. 이 책으로 더 많은 사람들이 자신의 마음대로 말하고 소통하는 자유와 기쁨을 누리게 되리라 생각하니 고객이자 팬의 한 사람으로 더할 나위 없이 기쁘다.

　　　— 한국 최대 중소기업사업가협업커뮤니티 BNI Korea 대표 존 윤(뉴욕주 변호사)

　이 책은 커뮤니케이션의 본질과 효과적인 실천 방법에 대해 깊이 있게 탐구합니다. 생각, 행동, 감정의 상호작용 및 자세와 호흡이 마음 상태에 미치는 영향을 심도 있게 다룹니다. 좋은 커뮤니케이션이란 단순히 말을 많이 하는 것이 아니라, 상대방이 발화자의 의도를 정확하게 이해하고, 발화자가 원하는 리액션을 얻는 것임을 강조합니다.

이 책은 리더십, 자기관리, 인간관계 개선을 추구하는 이들에게 유용한 지침서이며, 개인의 커뮤니케이션 스타일을 이해하고 개선하는 데 효과적인 조언을 제공하는 만큼 대한민국 리더들 또는 리더를 꿈꾸는 분들 모두에게 강력히 추천합니다.

— BNI Korea YDP 이그제큐티브 디렉터 이영진

유내경 대표님은 일반 스피치 교육을 하시는 분들과 다르게 '말하는 스킬'보다 '말을 하는 주체'에 더욱 관심을 가지고 그런 마음을 따뜻하게 살피고 어루만져주는 능력이 탁월합니다. 그래서 유내경 대표님과 스피치에 관한 코칭을 진행하다 보면 말을 하고 있는 나 자신을 오롯이 돌아보게 됩니다.

유내경 대표님은 '마음'이라는 화두를 들고 많은 고민을 합니다. 그렇게 많은 고민 속에서 탄생한 것이 바로 이 책, 《마음대로 말하기》입니다.

마음과 마음이 연결되면 우리는 그것을 '소통'이라고 합니다. 하

지만 현대 사회는 IT 기술이 발달하고 SNS 서비스가 쏟아짐에도 불구하고 '사회 관계망 서비스^{SNS}'라는 단어가 무색하게 '소통'이 아니라 오히려 '불통'이 되어가고 있습니다.

《마음대로 말하기》는 이러한 심각한 단절의 시대에, 유내경 대표님이 지금껏 걸어온 길처럼, 서로를 바라보고 이해하면서 가슴이 따뜻해지는 소통의 새로운 희망이 되리라 생각합니다. 이 책을 읽으시는 독자 여러분도 자신의 마음을 마음껏 표현하고 마음대로 말할 수 있는 그 변화의 시작을 느껴보시기 바랍니다.

— 《윈윈WINWIN》 저자 유건우

말을 잘하는 법을 가르치는 사람은 많다. 하지만 마음을 말로 잘 전하는 법을 가르치는 사람은 드물다. 말을 잘한다고 해서 늘 신뢰를 얻는 것은 아니다. 하지만 진정한 마음을 말로 잘 전하게 되면 신뢰를 얻을 가능성이 훨씬 커진다. 진심은 통하기 때문이다.

소통의 도구는 점점 발달하지만 소통이 더 어려워지는 사막 같은 세상에서 행복한 관계에 목마른 당신에게 이 책은 오아시스가 되어줄 것이다.

— 힐리스닝 대표, 리더십 코치 이명진

유내경 아나운서와의 인연은 MBC아카데미 'CEO스피치 과정'에서 시작되었습니다. 저는 6년 동안 꾸준히 교육을 받으면서 제 말하기의 문제점들을 개선시켜 나갔습니다. 또한 약손명가의 전 지점 원장들의 커뮤니케이션 교육을 여러 차례 진행하며 고객과의 소통과 직원 서로간의 소통 능력을 성장시킬 수 있었습니다. 《마음대로 말하기》는 사업의 성장에 꼭 필요한 책입니다. 성장을 원하시는 모든 분들께 이 책을 추천합니다.

— 약손명가 대표 김현숙

말과 대화는 정보의 분석과 의미 전달을 위해 존재하기보다 우리들의 감정과 상태를 표현하고 소통하기 위해 존재한다는 것을 작가는 이야기하고 있다. 만약 우리가 '전달하는 말하기'에서 '표현과 소통을 위한 말하기'로 바꿔 생각해볼 수 있다면, 보다 나은 말하기를 통해 개인의 삶에서 주변 사람들과의 관계까지, 한층 더 보람찬 삶을 살아갈 수 있지 않을까?

아니, 이 또한 부정문이니까 작가의 말을 빌려 긍정적인 말하기로 '분명 우리는 보다 더 보람찬 삶을 살아갈 수 있을 것이다'라고 말하고 싶다.

— 시 쓰고 노래하는 이솔로몬

내 마음은 '남'이 아닌 '내'가 말합니다. '남의 마음'이 아닌 '내 마음'인데도 '마음대로 말하기'를 어려워하는 분들이 참 많습니다. 어려우니 피할 수 있으면 좋으련만, 우리는 모두 혼자 살 수 없는 존재이기에 상대방에게 '내 생각을 잘 말하는 것'이 중요합니다.

그 중요한 것을 유내경 대표께서 '마음대로 말하기' 워크숍을 통해 전해왔고, 그 핵심 노하우들을 한 권의 책에 담았습니다. 단순한 스킬이 아니라, 먼저 내 마음을 제대로 아는 것에서부터 그대로 잘 전하는 것을 넘어 세련되게 표현하는 방법까지 꼼꼼하게 나눠주었습니다. 어떠한 상황에서나 내 생각과 마음을 잘 전하고 싶은 분들(모든 분)께 이 책을 추천합니다. 관계, 비즈니스, 개인적 성취 등에서 빠질 수 없는 것이 바로 '말하기'입니다. 이것을 기억하시고 이 책을 지침 삼아 바라는 바를 꼭 이루시길 응원합니다.

— 우아한스피치 대표 정무늬

어릴 때부터 목소리 좋고 말 잘한다는 소리는 듣고 살아왔습니다. 그런데 언제부터인가, 아마도 나이가 들어간다고 스스로 느끼면서부터였겠죠. 상대방의 기분이나 상황을 너무 배려하는 마음을 앞세우다 보니 서론이 길어지고 있는 것을 자주 발견합니다. 게다가 상대방의 쓸데 없이 긴 말을 끊지 못하고 마음속으로 참을 인忍 자를 써가며

다 들어주기도 합니다.

'마음을 들여다보라' '자신에게 솔직하라'는 저자의 글을 읽으며 문득 아, 내가 점점 자신감을 잃어가고 있구나 생각했습니다.

바른 말 좋은 말도 중요하지만 무엇보다도 자신의 감정에 충실하고 솔직해야 좋은 대화, 하고 싶은 대로 말하기가 가능하다는 대목에서 고개를 끄덕이게 됩니다. 자기가 하고 싶은 말을 정확하게 잘 전달하고, 상대의 말도 잘 들어주는 좋은 대화가 필요한 우리 모두가 꼭 한 번 읽어봐야 할 귀한 텍스트입니다.

— 월간 <vegan> 발행인 겸 편집장 이향재

　2년 전, 스피치 코칭을 마치고 정리하던 중이었습니다. 수강생이
었던 중년 남성 한 분이 제게 다가왔습니다. 사람들과 말하기를 주저
하셨던 수줍은 분이었는데, 이번 코칭을 통해 말하는 자신감을 얻었
다면서 연신 고맙다며 인사하는 것이었습니다. 말 한마디로 실수할
까 봐 전전긍긍하던 첫 모습은 사라지고 활짝 웃으며 자신의 마음을
전달하는 모습에서 저 또한 벅찬 감동을 느꼈습니다. 제가 잘하는 일
이라 생각하여 꾸준히 해오던 강의였는데, 누군가에게는 큰 도움이
되었다니.

　이 일을 계기로 저는 지나온 길이 헛되지 않았음을 느끼며 자신을
되돌아봤습니다. 이러한 감사를 통해 얻은 보람을 어떻게 하면 다른

강의에서도 전할 수 있을까 고심하게 되었습니다. 그렇게 수강생들의 다양한 후기를 들으며 강의의 방향성이 명확해졌고, 현재의 '아이오스피치커뮤니케이션' 커리큘럼이 완성되었습니다.

《마음대로 말하기》는 말이 생각처럼 나오지 않아 뒤돌아 후회한 경험이 있거나 말을 꼭 해야 하는 여러 상황에서 자신이 원하는 바를 정확히 전달하려는 사람에게 꼭 필요한 책입니다.

누구나 마음은 A를 말하고 싶은데 입에서는 B가 나와버리는 답답한 경우를 경험해보셨겠지요. 이런 실수들이 쌓여 좋았던 관계가 틀어지거나 상황이 자꾸 어긋나서 일을 하는 데 지장을 받은 적이 있다면 마음대로 말하는 법의 중요성을 누구보다 잘 아실 거라 생각합니다. 그 때문일까요? 많은 분이 말하는 기술을 배우려고 '마음대로 말하기 워크숍'을 신청합니다. 그러나 마음대로 말하는 일이란 단순히 기술을 익힌다고 가능한 것은 아닙니다. 왜냐하면 모든 말에는 마음과 생각이 농도 짙게 표현되어 나오기 때문입니다.

《마음대로 말하기》는 먼저 나의 마음을 들여다보고 마음가짐을 정직하게 하는 데서 출발합니다. 거기서부터 서서히 자신의 솔직한 생각과 진짜 감정을 파악하면서 마음의 변화를 경험하는 것이 핵심입니다. 이 변화는 여러분에게 낯선 설렘으로 다가가리라 생각합니다. 자신을 긍정하게 되면서 상대에 대한 이해도 넓어지는 경험도 겪을 것입니다. 이를 바탕으로 우리는 첫째, 생각하는 방법을 배웁니다. 그다음에는 커뮤니케이션을 효과적으로 이끄는 나만의 매뉴얼을 갖게 됩니다. 마지막으로, 마음대로 말하는 과정을 모두 마치고 나면 생각을 말로 표현하는 일관성 있는 자기만의 통로를 갖습니다.

내 마음대로 말하지 못한다는 것, 그래서 오해가 생기거나 속상한 일이 계속되는 일은 큰 스트레스입니다. 그렇기에 이 책을 통해 말이 제대로 나오지 않아 허둥지둥하거나 말주변이 없어 속내를 제대로 표현하지 못했던 분들이 답답함을 해소하고 말하기의 즐거움을 알게 되셨으면 하는 마음입니다. 그리고 마침내 "대화하기가 두렵지 않다." 말하며 자신의 생각대로 자유롭게 말하는 행복을 느끼기를 진심으로 바랍니다.

2024년 3월
봄의 시작에 서서
유내경 드림

마음대로 말하기

차례

Part 1 왜 마음대로 안 되나요?

Part 2 내 의도를 있는 그대로 전하는 말하기

Part 3 내 말이 그 말이야!

Part 4 마음대로 말하기

PART 1.

왜 마음대로
안 되나요?

말의 변화는
생각과 마음의
변화에서
출발합니다.

01

그래,
이해는 안 되지만 인정!

'마음대로 말하기' 워크숍을 수강했던 분의 이야기입니다. 그분은 대학 시절 마음이 아주 잘 맞는 친구와 함께 자취를 한 적이 있었습니다. 지금은 서로 멀리 살아 자주 보지는 못하지만, 가끔 연락해도 어제 만난 것처럼 여전히 아주 반갑고 친한 사이로 남아 있다고 합니다. 그분이 풀어준 사연이란 이렇습니다.

다 잘 맞는 그분과 친구 사이에 한 가지 사소한 문제가 있었는데, 바로 청소 습관이었습니다. 그중에서도 설거지가 문제였는데, 한동안 살아보고 파악한 서로의 습관이 사소하게 달랐습니다. 그 습관이란, 그분은 식사를 마치고 한 시간 내에, 친구는 모아두었다 그날 한꺼번에 하는 것이었습니다. 여름이었고, 냄새와 벌레 등의 문제가 신

22   마음대로 말하기

경 쓰였던 그분은 친구에게 "겨울은 모르겠지만, 여름에는 설거지를 바로 해주었으면 좋겠다." 했고 친구는 흔쾌히 오케이했습니다. 그런데 단 하나, 꼭 가벼운 설거지거리 한두 개를 남기는 것이었습니다. 마시고 난 컵 하나, 간식을 먹었던 접시 하나 이런 식으로요.

그럼에도 그분 입장에서는 친구가 자신의 말을 들어준 셈이라, 한마디 더 얹었다가는 괜히 더 다그치는 꼴이 될까 봐 며칠 두고보다가 분위기를 봐 물어봤다고 합니다.

"근데 너는 설거지할 때 하는 김에 다 하지 왜 꼭 하나씩 남겨?"

"아, 일부러 그러는 건 아닌데, 설거지를 다 하고 뒤돌아보면 식탁에 꼭 물컵이나 접시 같은 게 남더라고. 그런데 나는 결심하고 일을 다 마쳤는데, 또 한다고 생각하니까 갑자기 맥이 빠지더라. 진짜 더 못하겠어서 싱크대에 옮겨만 두는 거야."

"그래? 오케이. 알겠어!"

저는 이 이야기를 들으며, 친구와 살 때가 떠올랐습니다. 당시 친구와 저의 유행어는 "인정!"이었습니다. "무엇을 하든 서로 쿨하게 인정." 인정이라는 말은 서로의 다름을 알아주고 온전히 이해하지 못

하더라도 '그래, 너는 그렇구나.' 인정하고 받아들이는 마음입니다. 친구와 저는 서로 "난 이래." 하면 "인정!" 하며 '있는 그대로'를 받아들인 셈이었습니다.

말 습관이 아니라
마음 습관이 먼저

이분은 친구의 말을 듣고 바로 "오케이!" 하고 외칩니다. 친구가 도저히 그 남은 하나까지는 더 못하겠다는데, 뭐 어떠냐 싶었다고 합니다. 그거 하나 못 받아들일까 하고요. 만약 이분이 그때 꼬장꼬장한 마음으로, 친구가 자신에 대해 불만을 표현하는 소극적인 방식으로 일부러 설거지거리를 남겼다고 생각했다면? 그랬다면 이분은 마음속으로 부글부글 스트레스를 받으며 언제 이 화제를 꺼낼까 벼르지 않았을까요? 그런 마음으로는 친구가 듣기에도 따가운 말투로 따지려 들지 않았을까요?

아마 "너는 왜 설거지를 남겨?"가 아니라 "넌 대체 설거지를 왜 그렇게 하는 거야?"라는 말투가 되었을 것 같습니다. 속으로 끙끙 앓다 나온 말이 고울 리가 없기 때문입니다.

세계적으로 권위 있는 정신과전문의 대니얼 에이면Daniel G. Amen은 그의 책에서 인간은 하루에도 수만 가지 생각을 하고, 자동적으로 드는 부정적인 생각ANT, Automatic Negative Thought을 통제할 수 없기 때문에 부정적인 생각이 들면 꼬리에 꼬리를 물고 그 생각 속으로 파고들게 마련이라고 했습니다_{(뷰티풀 브레인), 대니얼 에이먼, 판미동, 2012..}

친구의 의도를 지레짐작하고 오해를 풀기도 전에 부정적인 생각이 들어 따지는 마음이 되었다면, 친구와 말을 트기 전까지 부정적인 생각에 점점 살이 붙고 부풀어 말에도 그런 마음이 묻어나고 받아들이는 이도 이런 감정의 결을 느꼈을 것입니다.

마음은 반드시 말에 드러납니다. 그리고 말에 담긴 감정은 내가 아무리 아닌 것처럼 포장하려 해도 상대방에게 전달됩니다.

오랜 말 공부 후에 저는 깨닫습니다. 말은 마음의 반영이라는 것, 그리고 서로가 불편함 없이 말을 주고받으려면 말 습관이 아니라 마음 습관부터 바꿔야 한다는 것을요.

02

생각과 마음은
말에 그대로 드러난다

우리나라에는 말과 관련된 속담과 관용구가 많습니다. "말 한마디에 천 냥 빚도 갚는다.""가는 말이 고와야 오는 말이 곱다.""자랑 끝에 불붙는다.""사돈 남 말 한다.""입은 삐뚤어져도 말은 바로 하라." 등. 이 말들은 말이 한 사람의 가치와 관계에 큰 영향을 미친다는 것을 나타냅니다.

우리는 보통 목소리를 내어 어떤 것을 이야기할 때, "말한다."라고 표현합니다. "뇌가 성대에 달렸다."라는 표현이 있습니다. 이는 생각하는 뇌가 머리에 있어야 하는데 성대 옆에 붙어 있어서 필터를 거치지 않고 곧바로 말이 나간다는 것을 의미합니다. 그래서 타인에게 상처가 될 직설적인 말이 나갈 수도 있고, 때로는 망신을 살 만한 경솔한 말을 내뱉게 되는 거죠.

인간관계의 문제 대부분은 말이 어긋나서 생겨납니다. 내 생각과 마음을 표현하느라 말이 장황해지는 바람에, 마음은 그렇지 않은데 말이 헛나와서 혹은 불편한 마음을 전달하고 싶은데 제대로 전달하지 못해서, 꼭 전하고 싶은 마음이 있었는데 말이 꼬여서 그렇기도 하고요. 때로는 감정에 휩쓸려 기분에 따라 말을 해버려서 말하는 자기 자신도 찜찜해지고 상대방의 기분도 상하게 하고 맙니다. 아무것도 해결하지 못한 채로요. 결국 대화를 통해 바랐던 것은 당신과 나의 오해를 풀고 더 잘 해보자는 것이었는데, 뒤돌아보면 일은 해결되지 않고 찜찜함만 남았던 경험이 살면서 한 번쯤은 있을 겁니다. 어쩌면 하루에도 몇 번씩 일어나는 일일지도 모르겠네요.

좋은 관계를 위해서는 말하기가 필요합니다. "마음대로 말하기"는 "(내) 마음을 (있는 그)대로 말하기"입니다. 마음대로 말하기의 방향은 발전적인 쪽으로 이루어집니다. "마음대로 말하기"의 방식을 따라가다 보면, 내 이야기도 잘하고, 다른 사람의 이야기도 잘 받아들이는 관계가 될 수 있습니다.

생각이 달라지면
말은 저절로 달라진다

그런 사람이 있습니다. 이야기를 나누다 보면 마음이 안정되고 믿음이 가고 내 이야기가 술술 나오는 사람. 그리고 그렇게 이야기하며 내 마음도 치유가 되고요. 마음을 편안하게 해주는 대화 상대는 이를 테면 비공식 '대화 치료사'입니다.

누군가 나와 이야기하고 나서 "말을 참 잘 들어주시네요." "사람 마음을 잘 헤아려주는 것 같아요."라는 말을 들으면, 나 또한 마음이 따뜻해지고 괜시리 뿌듯한 마음이 생기지 않을까요?

말의 변화는 생각과 마음의 변화에서 출발합니다. 말을 예쁘게 하려면 생각을 예쁘게 해야 합니다. 말을 멋있게 하려면 생각을 멋있게 해야 합니다. 그러면 특별한 말의 기술을 배우지 않아도 어느 정도는 변화가 옵니다.

하지만 알아도 실천이 잘 되지 않는 것이 보통입니다. 잘 안 되기 때문에 기를 쓰는 노력이 필요합니다. 저는 마음대로 말하는 방법을 소개해드리기 전에 두 가지 당부의 말을 전하고 싶습니다. 첫 번째는 준비, 두 번째는 연습입니다. 말을 준비한다는 것은 생각한다는 것을 인지하고 더욱 깊은 생각을 해야 한다는 뜻입니다. 경솔하게 바로 말하지 않고 한 박자 쉬며 생각을 거치고 말해야 하죠. 그래서 생각하는 작업, 곧 준비하는 작업을 한 다음에 말하는 방법을 익혀 연습을 꾸준히 한다면 분명히 여러분이 원하는 성과를 얻을 수가 있을 것입니다.

확신과 의지는 시간의 흐름에 비례하여 약해지곤 합니다. 저는

마음대로 말하기

"할 수 있다."라는 마음이 "안 될 것 같은데."로 바뀌며 의지가 약해질 때 스스로를 다잡는 세 가지 마음가짐을 항상 염두에 둡니다.

된다고 믿자.

일단 해보자.

많이 말하자.

여러분께도 이 세 마디가 마법 같은 기운을 주었으면 좋겠습니다.

03

오만 가지 생각을
긍정으로 채우는 에너지

흔히 오만 가지 생각을 다한다는 표현이 있습니다.

우리는 얼마나 많은 생각을 할까요? 캐나다 퀸스대 연구진에 따르면 인간의 뇌에서는 1분에 6.5번 정도 생각의 전환이 일어난다고 합니다. 6.5번이 평균이니까 어떤 사람은 이것보다 더 많이 생각하고, 또 어떤 사람은 더 적게 생각할 거예요.

그래도 보통 여덟 시간 정도 잠을 잔다고 보고 열여섯 시간을 깨어 있다고 생각할 때 하루에 적어도 6,240번 생각을 전환한다는 말이 되죠. 그렇다면 우리는 이 6,240개의 생각을 무엇으로 채워야 할까요?

사람은 좋은 생각만 하지 않으니, 생각을 전환하다가 그 사이에 부정적인 생각이 들어가게 된다면 어떻게 될까요? 우리의 뇌는 부정이랑 더 친합니다. 그래서 긍정과 부정이 동시에 일어난다면 우리의 뇌는 부정으로 기울어집니다.

사실 사람의 시선을 잡아끌고 주목시키기에는 부정적인 문장만한 것이 없습니다. 각종 주의 문구에 "흡연 금지" "들어오지 마시오." 등 "하지 말라."는 부정의 말이 쓰이는 데에는 다 이유가 있는 것입니다. 최근 마케팅 문구에 "OO할 때 절대 하면 안 되는 세 가지" "OO하면 절대 성공할 수 없다." 같은 자극적이고 불안감을 고조시키는 문구들이 많습니다. 이런 부정의 언어가 마케팅 면에서 시선을 끈다는 효과가 있을지는 모르겠지만, 우리가 가려는 방향이 내 말에 집중시키는 것인지 내 말을 있는 그대로 잘 전달하려는 것인지 생각한다면 부정의 언어는 그 답이 될 수 없습니다.

매일을, 평생을 함께 해야 하는 사람들과 '잘' 대화하려면 말에 행복과 긍정의 단서를 제안하는 편이 좋습니다.

될걸, 되겠지, 될 텐데, 엄청 잘 돼, 될 수밖에 없어

가뜩이나 우리의 머릿속 용량은 한 번에 생각할 수 있는 양이 제한적입니다. 거기에 부정의 생각이 딱 들어오면 부정적인 생각은 점점 자리 잡으며 그 면적을 키울 테니 긍정이 남아 있을 자리가 줄어듭니다. 우리는 이 생각의 방향을 바꿀 수 있습니다. "될까?"라는 우려 섞인 생각을 "될걸, 되겠지, 될 텐데, 엄청 잘 돼, 될 수밖에 없어."로, 꾸준히 의식하고 노력하여 긍정으로 채우자는 것입니다. 긍정적인 생각을 어떻게든 의식적으로라도 해야 됩니다.

하루를 움직이는 데 쓰이는 에너지는 똑같습니다. 자는 데에도, 먹는 데에도, 쉴 때도 생각할 때도 에너지는 쓰입니다. 그 에너지를 어느 방향으로 쓸 것인지를 우리 스스로 결정할 수 있고, 그 쓰임에 따라 "나 자신"이 달라질 수 있습니다.

일단 해보는 겁니다.

첫술에 배부를 수는 없죠. 하지만 첫술로 허기를 달랠 수는 있습니다. '조금씩 해볼까?' 하면서 생각과 마음을 달래가며 한 걸음씩 나아가면 됩니다. 그러다 보면 궁극적으로 우리가 목표로 하는 긍정의 마인드에 도달할 수 있습니다. 이런 과정을 통해 의식적이지 않을 때까지도 긍정적인 사고를 갖게 된다면 어느새 예쁜 말이 내 입에서 자연스럽게 나오게 될 겁니다. 사람들과 주고받는 말 속에서 긍정의 기운이 늘어나며 인간관계 또한 좋아지죠.

좋은 대화법의 가장 중요한 규칙은 부정어를 담지 않은 예쁜 말을 하는 것입니다. 예쁜 말을 하기 위해서는 마음을 예쁘게 봐야 하고요. 그렇기에 생각과 마음을 바꾸는 첫 번째 시작인 긍정은 아무리 강조해도 모자람이 없습니다.

오늘 하루 6,240개의 생각 중에 나는 몇 개까지 긍정으로 바꿀 수 있을까요?

04

생각과 행동은
내 마음대로 움직인다

　제가 생각을 바꾸면 원하는 대로 말할 수 있다고 확고하게 이야기할 수 있게 된 건 어떤 중요한 이론을 알고 나서부터입니다. 어떻게 하면 말을 잘할 수 있을까 고민하며 공부하던 중에 이 이론을 알고 스피치 강의의 방향이 완전히 바뀌었을 정도죠.

　제 삶은 이 이론을 알기 전과 후로 나눌 수 있습니다. 인생의 터닝 포인트가 된 이론, 그것은 바로 '전 행동 자동차Total Behavior Car 이론'입니다.

　저명한 심리학 박사인 윌리엄 글래서William Glasser는 인간이 어떤 사고의 과정을 거쳐 행동하는지 연구했는데 그 행동체계가 크게 네 가지로 구성되어 있음을 알아냈습니다. 그리고 이 구성을 자동차의

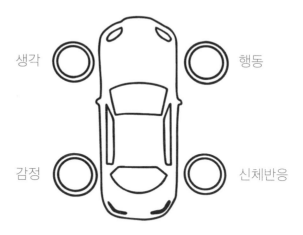

생각   행동

감정   신체반응

네 바퀴에 비유합니다. 생각, 행동, 감정, 신체반응. 우리 몸과 마음
은 이 네 가지 과정을 통해 움직입니다.

앞쪽 양 바퀴는 생각과 행동, 뒤쪽 양 바퀴는 감정과 신체반응을
뜻합니다. 그래서 박사가 이 순서로 배치한 이유가 있습니다. 이 자
체가 인간의 인지 체계이기 때문입니다.

우리가 운전석에 앉아 핸들을 움직였을 때 어느 쪽 바퀴가 움직이
나요? 바로 앞바퀴입니다. 컨트롤 가능한 부분을 말합니다. 즉 인간
이 컨트롤 할 수 있는 앞바퀴는 바로 생각과 행동이라는 뜻입니다.

그럼 뒷바퀴는 어떨까요? 아무리 핸들을 좌우로 움직여도 뒷바퀴

는 움직이지 않습니다. 신체반응은 자연적으로 일어나니 조절할 수 없는 게 맞는데, 정말 감정도 그럴까요? 우리에겐 '감정 조절'이라는 표현도 있는데 말이에요.

땀나는 것, 눈물 나는 것, 상처가 나면 피나는 것, 손발이 후덜덜 떨리는 것, 배 아픈 것 등을 흔히 신체반응이라고 합니다. 우리가 의지로 조절할 수 없는 반응들입니다. 갑자기 심장을 천천히 뛰게 할 수 없듯이요. 감정 역시 그 순간 갑자기 일어나는 반응이니 신체반응과 마찬가지로 감정이 생기는 것 자체는 조절할 수 없습니다.

감정은
생각이 다스린다

감정은 그 발생을 막을 수 없지만 생각을 통해 다스릴 수는 있습니다. 감정을 다스리려면 뭘 해야 할까요? 생각을 해야 합니다. 나쁜 일이 생겨서 우울해도 긍정적으로 생각하자는 마음처럼요. 생각은 우리가 노력하면 방향을 바꿀 수 있기 때문입니다.

어떤 분은 갑자기 우울해지거나 화가 나는 감정이 드는데 이건 조절할 수 없는 것 아니냐 하십니다. 맞습니다. 감정이 오는 것 자체는 막을 수 없습니다. 다만 자신을 힘들게 하는 감정이 왔을 때, 어떤 사람은 그 감정을 빠르게 알아채고 더 좋은 방향으로 생각하려 애씁니다. 바로 마음을 다스리는 겁니다. 감정이 왔을 때 생각을 전환하느냐 안 하느냐, 이 차이를 구분하고 있다면 얽매이고 싶지 않은 감정에서 빠르게 벗어날 수 있습니다.

그보다 앞서 해야 할 일이 있습니다. 그 감정을 일단 안아주며 인정해줘야 합니다. '나한테 지금 슬픔이 왔구나, 난 너무 슬프구나' 하고요. 결국에는 내가 좋은 방향으로 가기 위해서 좋아, 괜찮아, 나는 잘할 수 있어, 하고 생각하겠지만, 그 인정의 과정이 없으면 어느 순간 더 큰 후폭풍이 밀려올 수 있습니다. 모든 것을 놔버릴 수도 있는 거죠.

"나 지금 되게 괴롭구나, 나 지금 화나는구나." 하고 감정을 외면하지 말고 빨리 인정합니다. 그러고 나서 "지금 너무 괴로운데, 계속 이렇게 살 수는 없잖아! 그럼 어떻게 할까?" 하고 생각해야 빠져나올 수 있습니다. 내 감정을 공감하지 않으면서 상대방의 감정을 공감할 수도 없습니다.

내 것 먼저 해주기. 그게 가장 중요합니다. 앞바퀴에 비유한 생각과 행동은 내가 마음대로 할 수 있는 부분, 뒷바퀴에 비유한 감정과 신체반응은 내가 마음대로 할 수 없는 부분임을 기억하세요.

우리가 생각과 행동에 초점을 둔 말하기를 해야 하는 이유입니다.

05

불쾌한 감정이
빠져나가는 길 만들어주기

　생각과 행동에 초점을 둔 말하기를 하려면 어떻게 해야 할까요? 간단합니다. 할 수 있는 걸 하는 겁니다.

　제가 '전 행동 자동차 이론'을 통해 여러분께 당부드리고 싶은 말이 있습니다. '통제할 수 없는 것은 포기'하는 것입니다. 의외로 우리는 앞바퀴에 해당하는 생각과 행동보다 뒷바퀴에 해당하는 감정과 신체반응을 통제하는 데 에너지를 많이 씁니다. 긍정적이든 부정적이든 어떤 감정이 생기니, 그 감정을 거부하면서 느끼지 못하게 다스리느라 에너지를 꽤나 소모하거든요. 그래서 내가 컨트롤할 수 있는 영역이 아니구나, 하고 포기하는 것이 중요합니다.

　예를 들어, 발표를 앞두고 긴장해서 몸이 떨린다고 해봅시다. 일반적으로 속으로 패닉에 가까운 짜증을 내며 '떨지 마!' 하고 신체반응을 다스려보려고 합니다. 사람에 따라서 떨림이 좀처럼 가라앉지 않아 청심환을 먹어가며 애를 쓰기도 합니다.

~하겠지만
~해보자

어느 누가 사람들 앞에서 긴장하며 떨고 싶을까요? 떨고 싶지 않은데도 감정과 함께 온 신체반응이라 어쩔 수가 없습니다. 이럴 때 이 감정을 거부하며 부정하기보다는 감정 그대로를 인정하고 받아들입니다. 순간적으로 생겨난 감정은 바로 통제할 수 없음을 받아들이면 새로운 대안을 찾기가 수월해집니다. 내가 어찌 할 수 없는 감정에 고군분투하지 말고 있는 그대로를 느끼세요. 그리고 감정이 빠져나갈 길을 만들어주는 겁니다.

떨지 말아야지. -> 떨리겠지만

화내지 말아야지. -> 화가 나겠지만

우울해하지 말아야지. -> 우울하더라도

실망하지 말아야지. -> 실망스럽더라도

그러면 스스로 다음에 어떤 행동을 해야 할지 생각하게 됩니다.

떨리지만 + 배에 힘 꽉 주고 우선 해보자.

화가 나지만 + 소리 한 번 지르고 생각해보자.

우울하더라도 + 잠 한숨 자고 시작해보자.

실망스럽지만 + 잠 한숨 자고 시작해보자.

생각을 부정적인 방향으로 끌어당기는 감정을 느꼈을 때, 어떤 행동을 할지 공식을 만들어둡니다. 그러면 '감정 인지하기―전환하기'가 자연스럽게 이루어집니다. 누군가와 대화할 때도 마찬가지입니다. 상대방은 이미 그런 감정을 느끼고 있는데 "떨지 마, 긴장 하지 마." 하고 감정과 신체반응을 제약하는 이야기를 하면 상대방은 나를 불편하게 여길 수 있습니다. 상대방의 감정도 인정해주세요.

"긴장되겠지만, 마음대로 하고 와." 하고요.

90초의 비밀:
감정이 지나가는 시간

저도 강의를 할 때 긴장합니다. '이번 강의에서는 어떤 분들을 만나게 될까? 내가 잘할 수 있을까? 혹시 빠뜨린 건 없을까?' 생각하며 두근거리죠. "어떻게 하면 긴장하지 않고 발표할 수 있을까요?" 하며 물어보는 분들께 죄송하지만, 전 그런 방법은 없다고 말씀드립니다. 앞서 말씀드렸다시피 감정과 함께 오는 신체반응은 아무리 노력해도 막을 수가 없기 때문입니다.

그럼 우리는 무엇을 해야 할까요? 안 그래도 살기 힘든 세상, 언제 감정에 매몰될지 걱정하며 살아야 할까요? 잘 생각해보세요. 여러분은 지금까지 잘 살아왔습니다. 부정적인 감정이 왔어도 어느새 나에게서 멀어졌다는 뜻이죠. 그렇다면 이 감정이 유지되는 시간은 어느 정도일까요? 징그러운 것을 보고 기분이 나빠졌다가 회복되는 시간, 감정이 유지되는 시간은 어느 정도일까요?

바로 90초입니다. 하버드 뇌 과학자 질 볼트 테일러Jill Bolte Taylor 박사에 따르면 부정적인 감정이 들었을 때 이 감정이 유지되는 평균 시간은 90초 정도라고 합니다(인생을 바꾸는 90초), 조앤 I. 로젠버그, 한국경제신문사. 2020.. 뇌에서 분비되어 감정을 촉진하는 화학물질이 90초간 유지된다는 거죠. 그러고 나서 분비는 중단되고요. 그런데 우리는 그 이상을 부정적인 감정에 빠져 허우적댑니다. 하루 종일 기분이 나쁜 상태로 보내는 경우도 허다하고요. 왜 우리는 부정적인 감정을 유지하는 걸까요?

그 이유는 생각을 통제하지 않아서입니다.

나는 나쁜 감정을 계속 곱씹는 사람인가?

잠들기 전 누워서 하루를 곱씹어보며 '내가 왜 그랬을까?' '아, 생각할수록 열받네!' 하고 생각한 적 있겠지요. 우리는 불필요한 생각을 너무 자주 합니다. 그러다 보니 실수한 일, 기분을 나쁘게 만들었던 안 좋았던 일들을 곱씹으며 나쁜 감정을 계속 되새깁니다.

'전 행동 자동차 이론'을 다시 떠올립니다. 자동차 앞바퀴는 통제 가능합니다. 앞바퀴에 해당하는 인간의 두 가지 행동체계가 '생각'과

'행동'입니다. 생각은 우리의 힘으로 컨트롤이 가능합니다. 그렇다면 부정적인 감정을 끌고 가는 생각 또한 통제해서 생각을 긍정적으로 바꿀 수 있다는 뜻이죠.

오는 사람 막지 않고 가는 사람 잡지 않는다는 말이 있습니다. 저는 이를 다르게 바꿔보려고 합니다. '오는 감정 막지 않고 가는 감정 잡지 말자'로 말이죠. 특히 부정적인 감정에 잘 맞는 문구입니다. 일단 좋은 감정이든 나쁜 감정이든 막을 수 없는 감정은 오게 내버려두고 90초만 기다리세요. 그러면 내 마음 안에서 어느새 그 감정은 사라지겠죠. 다음은 여러분의 선택에 달려 있습니다. 나쁜 감정을 생각하지 않고 다른 방향으로 사고를 전환하여 빠져나올 수도 있겠고, 나쁜 감정에 대한 기억을 자꾸 되새김하며 하루를 불평, 불만과 화로 채울 수도 있겠죠. 잊고 싶어도 자꾸 생각나고 떠오르기도 할 것입니다. 그러니 생각의 전환도 연습하고 습관을 들여야 합니다.

'생각'과 '행동'이라는 두 개의 앞바퀴가 관건이다

단지 생각만으로 부정적인 감정을 끊어내는 게 어렵다고 여기는 분들도 많을 겁니다. 그래서 행동이라는 또 다른 앞바퀴가 존재합니다. 질병이나 장애 등 어려운 상황이 아니고서는 우리는 우리의 의지대로 몸을 움직일 수 있습니다. 일어나고 앉고 말하고 춤추고 눈을 감고 손을 뻗어 무언가를 잡을 수도 있습니다. 행동은 생각을 다른 방향으로 바꿀 수 있는 힘을 지니고 있습니다. 부정적인 생각에 몰입하지 않으려고 조깅이나 수영을 한다거나 무언가를 만드는 등 다른 행동을 한다는 사례는 흔히 있는 일입니다.

뒷바퀴에 있는 감정과 신체반응은 쉽게 우리 마음대로 되지 않습니다. 뒷바퀴에 집중하지 말고 앞바퀴, 생각과 행동에 조금 더 집중하면 우리의 삶은 훨씬 행복해질 수 있습니다.

안 좋은 일을 경험하고 불편한 감정이 나에게 온다면 이 감정이 나를 스쳐 지나갈 수 있게 90초만 참고 견디세요. 그리고 의식적으로 좋은 기억을 꺼내 내 감정을 환기시키세요. 그래도 자꾸만 부정적인 마음이 든다면 몸을 움직이세요. 생각을 다른 곳으로 집중시킬 행동을 말이죠. 이 훈련이 익숙해진다면 당신은 행복할 준비가 된, 의지 충만한 인간 자동차의 베스트 드라이버가 될 수 있습니다.

07

동작이
감정을 만들어낸다

심리학자 토니 로빈스^{Anthony Jay Robbins}는 자신의 마음 상태를 바꾸는 방법에 대하여 이렇게 말했습니다. "마음을 곧바로 바꿀 여러 가지 방법이 있지만 가장 간단한 건 이른바 생리적 상태를 바꾸는 것이다."라고요. 생리적 상태는 우리의 몸을 의미합니다. 숨 쉬는 것, 움직이는 것, 이 두 가지 행위가 우리 몸에 직접적으로 영향을 준다는 말입니다. 이 말은 숨을 어떻게 쉬고 몸을 어떻게 움직이느냐에 따라 나의 마음 상태, 생각하는 방식이 달라진다는 의미입니다.

우리의 감정은 예기치 못한 상황에서 내 의지와는 다르게 반응한다고 했습니다. 앞서 이를 벗어나기 위해 잠시 시간을 두고 다른 생각에 몰입하는 방법도 있었고요. 하지만 아무리 해도 벗어나기 어렵다면 특정 행동을 통해 집중을 분산시키는 방법도 이야기했고요. 여기에 덧붙여 저는 보다 수월하게 마음 상태를 바꿀 수 있는 방법을 제시합니다. 바로 '호흡하기'입니다.

속담에 참을 인^{忍} 자가 셋이면 살인도 면한다고 했습니다. 사람을 정말로 죽이고 싶을 만큼 화가 치밀어 오르더라도 세 번을 참으면 강렬했던 욕구가 가라앉는다는 말이죠.

감정을 바꾸는 간단한 방법으로 호흡이 있습니다. 불같이 화가 나더라도 심호흡을 크게 세 번 하면 처음과는 다른 마음 상태로 바뀌니까요. 작은 동작이라도 숨을 들이쉬고 내쉬는 걸 반복한다면, 부정적인 감정은 서서히 다스려지고 다른 방향으로 나아가게 됩니다. 동작이 감정을 만들어내는 거죠.

숨 쉬는 방식에는 다양한 선택지가 있습니다. 우리가 무의식적으로 하는 호흡, 의식적으로 크게 들이쉬고 내뱉는 심호흡, 눈을 감고 천천히 반복하는 호흡 명상. 이 세 가지 호흡 방식 중에 호흡 명상은 마음을 다스리는 데 적합합니다.

제가 많은 분을 만나고 대화하면서 느낀 것 중 하나가 있습니다. 성공한 사람들 대부분 잠시나마 명상의 시간을 갖는다는 것이었습니다. 왜 그럴까요? 어떤 감정을 느끼고 있었든 명상을 시작하면 마음 상태가 바뀌고 눈앞에 놓인 일에 집중이 되기 때문입니다. 그렇다면 호흡 명상은 어떻게 하는 걸까요?

쉽게 할 수 있는 호흡 명상 방식을 공유합니다. 천천히 읽고 따라 해보세요.

눈을 감습니다.
천천히 숨을 깊이 들이마십니다.
천천히 내뱉습니다.
배와 가슴이 팽창하고 수축하는지 느껴봅니다.
호흡의 감촉을 느껴봅니다.
편안한지, 답답한지, 따스한지, 차가운지.
호흡에 의식을 집중하면 마음의 활동이 정지됩니다.
깊은 침묵으로 들어가 고요함과 정적을 맛봅니다.

마음이 차분해질 때까지 호흡 명상을 여러 번 반복해보세요. 호흡을 깊이 들이마시고 내뱉는 과정은 어렵지 않습니다. 자신이 생각하는 느린 속도대로 숨을 크게 들이마시고 깊이 내쉬고를 반복합니다. 그러면서 복부와 가슴이 부풀어오르고 나가는 움직임을 있는 그대로 느끼면 됩니다. 숨에는 감촉이 있습니다. 내가 지금 들이마시는 숨이 편안한지, 답답한지, 따스한지, 차가운지 눈을 감고 집중해서 느껴보세요. 숨의 감촉이 느껴지나요? 좋은 일이 있어 기분이 좋을 때는 숨의 감촉에 아무 문제가 없습니다. 그러나 기분이 좋지 않을 때는 문제가 됩니다. 나쁜 감정이 들어온 상태에서 호흡 명상을 하면 숨의 감촉이 다름을 느낄 수 있습니다. 누군가는 날카롭다, 누군가는 답답하다고 느낍니다. 그래도 호흡 명상을 멈추지 마세요. 그냥 눈을 감고 호흡을 길게 하는 것만으로도 마음은 변할 수 있습니다. 깊은 침묵으로 들어가 고요함과 정적을 맛보면서 날카로운 호흡을 부드럽게 바꿔보세요. 그 순간 혼란스러웠던 마음이 정화되며 서서히 빠져나가는 기운을 느낄 수 있습니다.

이렇게 우리는 호흡만 잘해도 마음 상태를 정리할 수 있습니다. 나를 혼란스럽게 했던 것들을 밀어내고 그 순간에 진짜 해야 하는 일, 하고 싶은 일이 무엇인지, 내가 지금 무엇을 원하는지를 생각해낼 수 있습니다. 앞으로 화가 나거나 짜증이 난다 싶으면 일단 심호흡을 하며 눈을 감아보세요. 그리고 호흡 명상을 해보는 겁니다. 빠르게 진정되는 자신을 느끼면서요.

08

초라한 애티튜드는
초라한 마음이 만든다

이제 수월하게 마음 상태를 바꿀 수 있는 두 번째 방식을 알려드리려고 합니다. 바로 '움직이기'입니다. 몸을 움직이는 방식으로는 하이 파워 포즈High power pose와 로우 파워 포즈Low power pose가 있습니다. 단어 뜻 그대로 하이 파워는 에너지가 높은 것이고, 로우 파워는 에너지가 낮은 것이죠.

하이 파워 포즈는 개방형 자세입니다. 우리가 가만히 서서 팔다리를 얌전히 두는 걸 기본 자세라고 할 때, 여기서 팔다리를 몸 바깥쪽으로 뻗는 자세를 말합니다. 다리를 벌리고 서서 팔을 번쩍 위로 들거나 영화 속 히어로처럼 손을 자랑스럽게 골반에 걸치고 고개를 드는 등 당당한 자세들이 그 예입니다. 다리를 붙이고 양팔을 얌전하게

무릎 위에 두고 앉아 있더라도 밖을 향해 움직인다면 이 또한 하이 파워 포즈입니다. 그래서 등받이가 있는 의자에 앉아 있을 때, 등받이에 등을 기대면서 팔걸이에 여유롭게 팔을 걸치거나, 의자에 미끄러지듯 기대앉아 책상 위에 발을 올리는 자세들 모두 하이 파워 포즈입니다. 자신감이 넘쳐흐르다 못해 때로는 오만해 보이기까지 하죠. 그만큼 에너지가 넘치고요.

하버드 비즈니스 스쿨의 사회 심리학자인 에이미 커디^{Amy Cuddy}는 하이 파워 포즈를 2분 이상 유지하면 우리 몸에서 나오는 호르몬이 바뀐다고 발표했습니다. 자신감과 용기와 연관된 호르몬인 테스토스

테론 수치가 증가하고 스트레스 호르몬인 코르티솔이 줄어든다고 합니다. 이 말은 우리의 마음 상태, 기분이 나아진다는 의미입니다. 슈퍼맨처럼 당당한 자세를 2분 동안 했는데 기분이 나아지지 않는다면 좀 더 길게 유지해봅니다. 마음 상태가 바뀌는 데 도움이 됩니다.

의기소침한 내가 싫다면
할 수 있는 가장 쉬운 일

예전에 제가 코칭했던 학생이 아르바이트를 하던 중 스트레스를 받아 기분이 몹시 좋지 않았다고 해요. 그래서 화장실에 가서 2분 동안 양팔을 하늘 높이 들고 나아지기를 기다렸다고 하더라고요. 하지만 기분이 나아지지 않아서 효과가 없나 생각하며 좀 더 자세를 유지했는데 어느 순간 달라지는 것을 느꼈답니다. 사람마다 스트레스를 얼마나 받고 얼마나 오래 지속되는지 그 강도가 다르니, 그 차이에서 유지 시간이 달라지기도 합니다. 그렇기에 우리가 습관적으로 밖을 향해 펼치는 자세를 반복한다면 우리 몸을 자신감과 용기의 호르몬으로 가득 채울 수 있겠죠.

로우 파워 포즈는 앞서 말한 하이 파워 포즈와는 정반대인 내향형 자세입니다. 가만히 서 있는 기본 자세에서 자리에 앉아 몸을 웅크리거나 팔짱을 끼고 몸을 숙이는 자세들을 말합니다. 하이 파워 포즈보다 방어적인데 사실 이 자세들은 우리에게 안정감을 주곤 합니다.

　로우 파워 포즈는 겉으로 아무런 변화가 없어 보여도 분명 호르몬에 영향을 줍니다. 몸 안에서 자신감과 용기에 관련된 테스토스테론 호르몬이 줄고, 스트레스 호르몬인 코르티솔이 증가합니다. 웅크린 자세가 편하게 느껴져도 실제로는 내 몸에 부담을 주고 우리 마음에 영향을 주고 있는 것입니다. 편안하게 쉬는 자세와는 다릅니다. 로우 파워 포즈는 가만히 서 있기, 누워 있기 등 우리가 휴식을 취하는 자세와는 달리 방어적인 자세이니까요. 무의식적으로 긴장하고 있고 스트레스를 받고 있음을 나타냅니다.

　자세 하나만으로도 마음의 많은 부분이 바뀝니다. 실제로 호르몬에 영향을 주기도 하면서요.

우리가 해야 할 일은 움츠린 어깨를 펴고 등을 바로 세우고 보다 당당한 자세를 취하는 것, 단 하나입니다.

—— 우리는 우리의 생각대로 된다 ——

◦ 마음은 말에 반영된다. 마음 공부가 먼저다.
◦ 의지는 시간이 지남에 따라 약해진다. 자꾸 "된다."
  고 생각하자.
◦ 부정적인 생각은 끊임없이 든다. 당연하다. 90초만
  참아보자.
◦ 생각을 긍정적으로 전환하는 연습을 해야 한다.
◦ 생각과 행동은 내 의지로 바꿀 수 있다.
◦ 불쾌한 감정을 일단 인정한다. 그리고 흘려보내자.
◦ 몸과 마음은 긴밀히 연결되어 있다. 내 자세가 내 마
  음의 변화를 만든다.

PART 2.

내 의도를
있는 그대로
전하는 말하기

커뮤니케이션
에서는
잘못한 사람이
없습니다.

01

커뮤니케이션은
리액션이다

우리는 사회에서 나와는 다른 사람을 만나게 됩니다. 그렇게 마주한 두 사람은 커뮤니케이션을 시작하게 되죠. 그런데 둘 다 가만히 있으면 아무 일도 일어나지 않습니다. 작은 소통이라도 생기려면 한쪽에서 무언가를 해야 합니다. '무언가'의 종류는 말하기, 바라보기, 움직이기 등이 있습니다. 어떤 식으로든 액션이 시작되면 이 액션을 받은 상대방은 어떤 행동을 할까요? 액션에 대한 리액션을 하게 됩니다. 그럼 그 리액션을 받고 상대방은 또 무엇을 할까요? 또 다른 리액션을 하겠죠.

커뮤니케이션은 리액션의 연속입니다. 그리고 어느 한쪽이 더 이상 리액션을 하지 않을 때 커뮤니케이션이 종료됩니다. 그러면 소통하기 싫은 사람과 마주쳤을 때 어떤 행동을 할 수 있을까요? 입을 다물고 그 어떤 반응도 하지 않으면 됩니다. 반응하지 않으면 커뮤니케이션이 이루어질 수 없으니까요.

커뮤니케이션은 사회적 동물인 인간에게 힘이 됩니다. 그런데 이런 힘도 지나치게 넘치면 부담이 되어 스트레스가 되기도 합니다. 우리 주변에서 상대방과의 소통을 멈추고 싶은데 끝내지 못해 질질 끌려다니는 분들이 있습니다. 어쩌면 내가 그 당사자일 수도 있고요.

흔히 볼 수 있는, 끝나지 않는 리액션의 예가 있습니다. 분명 메시지를 보낼 때 마지막 인사로 '안녕'이나 '굿나잇'을 적어 보냈는데 상대가 이모티콘을 보내니 답으로 나도 이모티콘을 보내고 그러다가 화제가 이모티콘이나 다른 것으로 넘어가서 꼬리에 꼬리를 무는 대화가 다시 시작되는 경우를요. 연속적인 리액션이 반복되는 굴레에 빠지게 되는 거죠. 이렇게 끝나지 않는 커뮤니케이션은 어떻게 마무리해야 되는지 잘 모르는 경우 발생합니다.

나의 리액션이
좋은 대화를 결정한다

커뮤니케이션은 리액션의 연속이기 때문에 깔끔한 마무리를 하려면 어떤 리액션을 할지 염두에 둬야 합니다. 그런데 각자 다른 성향을 갖고 있기 때문에 리액션에 대한 반응이 다릅니다. 어떤 사람은 안부를 묻고 용건만 간단히 말한 다음 마무리 인사로 끝내려고 하고, 어떤 사람은 마무리 인사도 없이 용건만 전하고 끝내고 싶어하기도 합니다. 또 다른 사람은 용건은 간단한데 다양한 수다거리를 꺼내면서 오래 이야기를 이어가기도 하죠. 그러면서 각자 기대하는 리액션이 나오지 않으면 쌀쌀맞다, 오지랖이 넓다, 매너 없다 등 상대를 자기만의 기준으로 단정 짓고 상처를 주기도, 받기도 합니다. 연인 사이에서는 리액션이 애정을 평가하는 잣대가 되어 너는 나를 사랑하네, 사랑하지 않네 하며 심각한 갈등으로까지 번지기도 하죠. 그렇다고 상대방이 원하는 리액션을 일거수일투족 파악하여 거기에 맞게 반응할 수도 없고요.

상대방에게 앞으로 내가 하는 그 어떤 말에도 질문하지 않았으면 좋겠다고 요구했다고 합시다. 과연 상대방이 내 말 그대로 따를까요? 아닐 거예요. 돈 주고 고용하는 고용인이 되지 않는 이상 변하지 않고 해달라는 대로 다 해주는 사람은 없습니다. 여러분 또한 상대가 무언가를 요구할 때 그 말을 다 들어줄 수는 없습니다.

강요가 아닌 소통을 이끄는 리액션은 대화를 통해 조금씩 바꿀 수 있습니다. 상대방이 아닌 자신의 리액션을 통해서요. 상대가 무언가를 하기를 기대하기보다 자신이 직접 움직여야 합니다. 상대의 액션에 대한 리액션을 하며 세련되게 혹은 내가 원하는 방향으로 유도할 수 있죠.

단번에 나 자신을 바꾸기는 쉽지 않습니다. 그래서 커뮤니케이션을 끝내지도 못하고, 갈등을 불러일으키기만 하고, 계속 소심해지기만 합니다. 그래도 이제 커뮤니케이션이 리액션의 반복임을 알았고, 상대가 아닌 내 리액션을 바꾸면 커뮤니케이션 방식이 달라질 수 있음을 알게 되었습니다.

앞으로 우리는 무엇을 하면 될까요? 어떻게 나의 리액션을 바꾸면 될지 생각하고 좋은 커뮤니케이션을 이끄는 연습을 하면 됩니다. 그러려면 먼저 무엇이 좋은 커뮤니케이션인지 알아야 합니다.

02

나의 의도를 있는 그대로, 원하는 리액션 끌어내기

    상대방과 리액션을 주고받으며 오랜 시간 대화를 지속한다고 다 좋은 커뮤니케이션은 아닙니다.

    소통에 포함되는 리액션에는 입으로 말하기, 표정으로 나타내기, 손과 발 혹은 몸을 이용하여 움직이기가 있습니다. 거친 말이나 욕을 하는 것도 리액션이고, 눈을 흘기며 못마땅하게 보는 것도 리액션이며 발로 차거나 주먹으로 때리는 것도 리액션입니다. 어떤 경우에는 손에 잡힌 물건을 던지거나 문을 쾅 닫고 밖으로 나가기도 하죠. 나에게 직접적인 행위를 하지 않더라도 내 마음에 영향을 주는 모든 것을 통틀어 리액션이라 합니다. 하지만 우리는 이런 리액션들을 원하는 것이 아니죠. 그럼 좋은 커뮤니케이션이라는 건 무엇일까요?

좋은 커뮤니케이션이란?

- 상대방이 내 의도 그대로 나의 말을 이해하는 것
- 내가 원하는 리액션, 곧 성과를 얻어내는 것

첫째는 상대방이 내 의도 그대로 나의 말을 이해하는 것입니다. 만약 내가 상대의 호의에 고마워한다고 합시다. 그래서 진심으로 고맙다고 말했습니다. 다른 의도 없이 순수하게 고마움을 느껴서요. 그런데 사람에 따라 이를 다르게 받아들이는 경우가 생깁니다. 어떤 사람은 당신이 무언가 자신에게 원하는 것이 있어서 고마운 티를 낸다고 생각하기도 하고, 어떤 사람은 착한 척을 하며 내숭을 부린다고 생각하기도 합니다. 있는 그대로 받아들이지 않는 거죠. 이러면 오해가 생겨 소통이 변질됩니다. 그러니 내가 의도한 대로 이해하는 상대를 만난다는 것은 정말 중요한 일이고, 나 또한 의도를 제대로 전달하기 위해 노력해야 합니다.

둘째, 의도를 이해한 상대방이 내가 원하는 리액션을 하는 것입니다. 예를 들어, 직장에서 보고서를 쓰다가 기술적으로 막히는 부분이 생겨 아등바등하는 중이라고 합시다. 그런데 지나가다 이를 본 동료가 바로 해결 방법을 알려주었죠. 나는 고마운 마음에 감사 인사를 했고, 동료는 괜찮다며 보고서를 일찍 끝내주면 본인한테도 좋은 일이라고 말합니다. 오히려 막힐 때 물어봐달라면서요. 이렇게 내가 가진 고마움을 상대가 제대로 이해하고 그에 맞는 리액션을 돌려주니 소통은 문제없이 이어집니다. 그래서 앞으로 차도 같이 마시고 밥도 먹어가며 원활하게 관계를 이어가면 그 자체로 좋은 커뮤니케이션이 완성되는 거죠.

커뮤니케이션의 시작은
객관적인 자기 점검

잠시 지금까지 나의 커뮤니케이션이 어땠는지 생각해봅시다. 나는 내 의도를 잘 전달했는지, 이를 상대가 알맞게 이해했는지, 그리고 상대는 내 말에 어떻게 반응했는지까지요. 이 과정이 순조롭게 진행되었는지를 한번 체크하는 겁니다.

이렇게 점검하고 나니 스스로 잘하고 있다는 자부심이 느껴지나요, 아니면 좀처럼 잘 안 된다며 대화하는 데 걱정이 되나요? 잘하고 있다는 판단을 했다면, 사람들과 두루두루 잘 지내는 타입입니다. 사회생활을 하며 적을 별로 두지 않고 어느 누구와도 무난하게 잘 지냅니다. 깊이 들여다보면 속으로 끙끙 앓고 있는 문제가 있을지도 모릅니다. 그러나 단순히 보기에 인간관계에 관해서는 별 문제가 없는 사람입니다. 반면 그렇지 않다고 생각했다면 사람을 대하기가 어색하고 불편하게 느껴지고 사람들과 소통하기 어렵다는 뜻이겠지요. 그래서 때로는 혼자 있는 것을 선호합니다. 그런데 이런 분들이 또 특정 지인들과는 잘 지냅니다. 어떻게 이런 일이 가능할까요? 친밀함을 느끼는 사람들하고만 선택적으로 좋은 커뮤니케이션을 하기 때문입니다.

03

메타인지 능력이
중요하다

좋은 커뮤니케이션을 수월하게 하려면 세 가지 요소가 필요합니다. 바로 내가 원하는 성과, 성과가 잘 나고 있는지 알아차리는 민감성, 상황을 판단하고 대처 방법을 바꾸는 유연성입니다.

예를 들어, 누군가 친구에게 미안한 일이 있다고 합시다. 친구가 마음을 풀고 사과를 받고 웃어주었으면 좋겠다고 생각합니다. 그 사람은 작은 선물과 함께 "미안해."라며 친구에게 말을 건네고, 친구는 "으이그." 하며 웃으며 친구의 사과를 받아줍니다.

이는 꽝장히 잘된 커뮤니케이션입니다. 그 사람은 미안하다고 이야기를 했고, 친구는 사과를 받아주며 웃어줬으면 좋겠다고 생각한 리액션을 해줬으니까요. 바로 이것이 성과와 민감성이 결합된 상황이죠. 그런데 만약 친구가 "그게 미안한 말투야?"라고 했다면 커뮤니케이션은 무너졌을 겁니다. 대체 누구의 잘못이었을까요? 그 사람이 말을 잘못한 걸까요? 혹은 그 사람은 잘 전달했는데, 친구가 상대방의 뜻을 잘 알아듣지 못할 걸까요? 전자라면, 사과하는 사람은 자책해야 하고, 후자라면 친구를 탓해야 하는 일일까요? '둘 다 잘못이 있을 수 있다'고 생각하는 분도 있을 겁니다. 그러면 공평해보이기도 하죠.

정답은 '잘못한 사람은 없다'입니다. 그저 커뮤니케이션이 통하지 않았을 뿐이에요.

커뮤니케이션에서는 잘못한 사람이 없다

"잘못한 사람이 없다."

이 말을 꼭 가슴에 새겨야 합니다. 누군가의 잘못이라고 여기기 시작하면, 잘잘못을 가리기 시작하면서 싸움이 납니다. "그쪽이 잘못했는데? 왜 인정을 안 하지?" 하면서요. 커뮤니케이션에서는 잘못한 사람이 없다는 걸 전제로 해야 합니다. 그래야 커뮤니케이션이 시작될 수 있어요. 그래야 상황과 감정에 휩쓸리지 않고 원래 목적하던 방향으로 커뮤니케이션을 할 수 있습니다.

메타인지 능력을 키우는 것이 '성과' 요소를 키우는 핵심이 됩니다. 메타인지란, 쉽게 말하면 실제로 내가 아는 것이 무엇인지 아는 것, 내가 실은 모르는데 안다고 착각하는 것이 뭔지 아는 것을 말합니다. 좋은 커뮤니케이션은 '내가 무엇을 원하는지 아는 것'입니다. 더 나아가서 원하는 리액션까지 이끌어내는 것이죠. 내가 이 사람과 대화하며 무엇을 원하고 있는지, 나는 어떤 기분을 느껴야 하는지, 상대방이 어떤 반응을 해야 하는지 모르는 상태로 대화하면 만남이 끝나고 집에 돌아가서 자꾸 그 찜찜한 기분이 떠오를지도 모릅니다.

이를테면, 탐색과도 같습니다. 내가 약사라면 눈앞의 환자와의 대화를 통해 이 환자의 증상을 알아내야 하죠. 그래야 질병에 맞는 약을 줄 수 있으니까요. 또한 내가 사업가라면 거래처 관계자를 만날 때 다음 계약을 따내고 싶은 건지 아니면 인맥을 위한 친분을 쌓고 싶은 건지를 명확히 알고 대화해야 하고요. 한마디로 본인이 대화하는 목적을 정확하게 알고 커뮤니케이션에 참여해야 합니다. 그리고 내가 원하는 것이 잘 이루어지고 있는지 알아차리는 센스, 곧 눈치가 커뮤니케이션 잘하는 사람들의 공통적인 특징입니다.

04

이 사람,
무슨 생각을 하고 있지?

소통을 통해 내가 원하는 것을 잘 얻어내고 있는지 아닌지를 알아챌 수 있는 '민감성'을 이야기해봅시다. 예를 들어, 고객과 계약을 하러 만난 자리에서 이 사람이 계약서에 도장을 찍을 것 같은가 아닌가 분위기를 보는데, "아, 오늘은 안 될 것 같아." 또는 "이제 곧 하겠네." 하는 감, 쉽게 말해서 눈치입니다. 내가 제공하는 서비스를 이 사람이 좋아하는지 아니면 뭔가 탐탁지 않아 하는지, 이 사람이 나를 좋아하는지 아닌지까지 파악하는 능력이 곧 눈치, 민감성이라고 할 수 있습니다.

눈치가 빠른 사람은 커뮤니케이션 능력이 뛰어납니다. 반대로 말해서 눈치가 없으면 커뮤니케이션이 어렵습니다. 고객을 만날 때도 마찬가지지만, 일터에서도 눈치의 힘은 필요합니다. 내가 지금 정신 바짝 차리고 있어야 하는 때인지, 저 상사가 나를 마음에 들어하는지 아닌지, 지금 이 일이 잘 되어가는 것인지 아닌지 모두 눈치의 힘을 받습니다.

그래도 인복이 있는 사람은 주변에서 분위기에 맞는 행동을 알려 줘서 상황을 파악할 시간을 벌 수 있습니다. "너 그분에게는 그렇게 하는 거 아니다." "네가 지금 거기 따라가면 안 돼." 하며 정보를 주 죠. 그러니 자신이 눈치가 없는 편이다 싶으면 눈치 빠른 사람을 곁에 두고 이렇게 요청해보세요. "나 눈치 없으니까 놓친 거 있으면 얘기해줘." 그리고 그 사람의 조언에 귀 기울여보세요. 왜냐하면 민감성은 단기간에 체득할 수 있는 부분이 아니기 때문입니다.

당신은 눈치 있는 사람인가요, 눈치 없는 사람인가요?

제가 가장 많이 우려하는 지점은 눈치 없는 사람들은 자신이 눈치가 없다는 것을 모른다는 사실입니다. 만약 누구를 만나든지 자꾸만 상대와 소통이 어긋나는 것 같다면 혹시 내가 눈치가 없나 의심해보세요. 물론 내 거친 말투 때문에, 행동이 크기 때문에, 어색한 자리라서 소통이 안 됐다고 말할 수도 있습니다. 그러나 이와 같은 리액션 또한 눈치로 극복할 수 있습니다. 상대방이 불편해하는 기미가 느껴지면 처음과 다르게 조심스럽게 언행을 바꾸면 되니까요.

그러니 스스로 의심이 든다면 주변 사람에게 피드백을 요청하고 그 조언을 받아들이세요. 그리고 의식적으로 '눈치껏' 분위기를 읽어 스스로 깨달아야 합니다. 누군가가 내게 간섭하는 게 싫다고 하여 계속 혼자만의 방식을 고수하면 곁에 남는 사람이 점차 줄어갈 겁니다. 지금이야 내가 잘 나가니까 잘 되고 있다 생각하지만 어쩌면 착각일 수 있습니다. 그렇기 때문에 민감성 부분이 약한 것 같으면 굉장히 주의를 기울이면서 노력해야 합니다.

05

첫 시도가 안 되면
플랜B가 있다

마지막으로 '유연성'입니다.

내가 상대방과 친분을 쌓고 싶어서^{성과} 관심을 끌 만한 이야기를 하는데 상대는 이야기 주제에도, 나에게도 호감을 안 보이는 것 같습니다^{민감성}. 이런 경우에 다른 흥미로운 주제를 꺼내서 호감을 얻어내는 거죠^{유연성}.

아이에게 장난감을 정리 정돈시키려고 합니다. "갖고 놀았으면 정리함에 담아야지." 하고 말했어요. 부모인 내 말을 곧바로 잘 들어주면 좋겠지만 아이는 미적거리며 다른 놀이를 하려고 합니다. 처음에는 사근사근하게 "정리해야지." 말하겠죠. 하지만 이를 듣지 않으면 다음에는 단호하게 "바로 정리해!" 큰 소리를 내기도 하겠고요. 그런데도 말을 안 듣는다 싶으면 "정리 다 될 때까지 저녁 안 줄 거야!" 하며 조건을 겁니다. 혹은 "정리 잘하는 사람은 부지런하고 착한 사람이래." 하면서 회유하기도 하겠죠. 상대의 리액션을 판단하여 여러 가지 방법으로 시도하는 것이 유연한 소통의 기술입니다.

때로는 직설적으로
때로는 부드럽게

스피치 코칭을 하면 대화할 때 한 가지 방법밖에 못 하겠다는 분들을 종종 만나게 됩니다. 나는 뒷말을 안 하는 타입이라 앞에서 전부 말하고 대신 뒷담화는 안 한다며 직설적으로 말하는 분들이 있고요. 또 반대로 직설적으로 말하는 것이 힘들다며 항상 요점을 빙빙 돌려 말하는 분들도 있습니다.

좋은 커뮤니케이션의 3요소

- 내가 원하는 것은 무엇인가? → 성과
- 내가 원하는 대로 잘 이루어지고 있는가? → 민감성
- 원하는 것을 얻을 때까지 다른 방법 시도하자 → 유연성

전 두 가지 타입 모두 위험하다고 생각합니다. 왜냐하면 커뮤니케이션이라는 건 상대방하고 나하고 제대로 주고받기가 되어야 하는데

마음대로 말하기

말하는 방식이 다른 서로가 만나면 아무리 해도 통하지가 않거든요.

그래서 다른 커뮤니케이션 스킬도 갖고 있어야 합니다. 직설적으로 말하는 것을 좋아하지 않는 상대를 만나면 상대의 부족한 부분이 보이더라도 지적하지 않는다든지, 직설적으로 말하는 것을 좋아하는 상대를 만나면 마음에 담아두지 않고 그 자리에서 표현하는 거죠. 상황에 따라서, 사람에 따라서 말할 수 있는 능력을 갖추는 것이 유연성입니다. 그리고 유연성을 갖추려면 반드시 연습이 필요합니다.

06

우리에게는 모두
자신만의 필터가 있다

여러분 앞에 스무 명 정도의 사람이 있다고 생각해보세요. 똑같은 상황을 보고 같은 말을 들었을 때, 이 스무 명의 사람 중 당신과 똑같은 생각을 하고 반응하는 사람은 얼마나 있을까요? 답은 '한 명도 없습니다' 입니다. 비슷한 생각을 할 수는 있으나 세부적으로 들어가면 스무 명 모두 다른 생각을 하고 다른 반응을 합니다.

혹시 스무 명이 적은 수라 없는 건 아닌지 의문스러운가요? 그럼 5000만 우리나라 국민 중에 당신과 똑같은 생각을 하는 한 명은 존재할까요? 역시나 답은 '없다' 입니다. 이렇게 개개인의 머릿속에는 각기 다른 필터가 있습니다. 한 명당 필터가 하나씩 있다고 보면 전세계 인구가 약 80억 명이 되니 필터도 80억 개가 있다고 보면 됩니다. 한마디로 나와 같은 필터를 가진 사람은 이 지구상에 단 한 명도 없다는 뜻입니다.

그렇다면 필터는 무엇으로 이루어져 있을까요?

바로 가치관입니다. 우리의 생각을 구성하는 아주 중요한 요소죠. 타고난 성격과 성장하면서 형성되는 성격, 환경에서 비롯된 경험, 연령, 성별, 종교, 학력, 직업, 직위 등 많은 것들이 한 사람의 가치관을 만들어갑니다. 놀이공원에 가서 바이킹을 탄 경험이 있는 사람은 이 세상에 많습니다. 그러나 놀이공원을 갔다 온 다음 일정은 각자 다릅니다. 이는 하나의 경험은 비슷할 수 있지만 전체를 이루는 인생의 경험이 모두 같은 사람은 단 한 명도 없음을 의미합니다.

어떤 경험에서 개인이 중요하게 생각하는 기준 또한 다릅니다. 예를 들어 연말 송년회를 간다고 생각해보세요. 누구는 모임 장소가 중요할 것이고, 누구는 어떤 사람들이 오는지가 중요할 것이고, 또 다른 누구는 어떤 종류의 음식을 먹게 되는지가 중요할 것입니다. 이렇게 어떤 하나의 이벤트에서 개인이 좀 더 집중하는 기준은 다 다릅니다. 그래서 내가 뭘 중요하게 생각하는지에 따라 필터의 첫 번째 거름막이 만들어집니다.

두 번째 거름막은 두려움입니다. 가치관이 보통 개인의 기호를 나타내지만 여기서 우리가 중요하게 짚고 넘어가야 하는 한 가지가 더 있습니다. 우리는 의식적으로 혹은 무의식적으로 두려워하는 대상이 존재합니다. 벌레나 귀신을 무서워하는 사람도 있고, 어두운 곳을 무서워하거나 사람이 많은 곳을 무서워하는 사람도 있습니다. 누군가에게는 대수롭지 않은 것이 다른 누군가에게는 그 어떤 것보다 공포로 다가오는 거죠. 그리고 때로는 강력한 두려움이 아닐지라도 우리에게는 기피하는 것이 있습니다.

서로 말이 안 통하는 건
너무나 당연하다

여기 유리컵이 있습니다.

제 생각의 필터를 거쳐 컵을 묘사하자면 깨지기 쉬운 컵이구나 입니다. 여러분은 어떠한가요? 빛을 비추면 오색찬란하게 빛날 것 같아, 아이스커피를 담으면 좋겠어, 너무 작은데 혹은 이건 좀 큰 거 같아 등 각기 다른 기준으로 다양하게 컵에 대한 단상을 표현하겠죠.

이렇게 각기 다른 필터를 지닌 사람들이 만나 대화를 하면 과연 말이 잘 통할까요? 당연히 잘 통하지 않겠죠. 그래서 커뮤니케이션이 어렵습니다. 물론 "제가 아는 분은 누구와도 쉽게 대화하는데 그냥 제가 문제인 것은 아닐까요?" 하며 제게 의문을 표하는 분도 있어요. 저는 커뮤니케이션을 잘한다는 것은 굉장한 노력의 결과라고 생각합니다. 원래 통하지 않던 것을 통하게 만들었으니까요. 그렇기 때문에 소통이 잘되지 않는다고 문제가 있는 것으로 치부하지 않았으면 합니다.

주위를 둘러보세요. 아빠랑 아이는 통하나요? 아이는 애를 안 낳아봤어요. 어른이 된 적도 없어요. 두 사람이 통하지 않는 것이 당연합니다. 남편과 아내는 쉽게 통하나요? 남자와 여자는 신체적 구조부터 뇌의 사고방식까지 달라요. 그러니 통하지 않는 것이 당연합니다. 제 할머니는 1920년대에 태어나셨어요. 저는 1970년대에 태어났고요. 두 사람 사이에 50년의 세월이 존재합니다. 그러니 당연히 안 통하죠. 게다가 사회에는 종교, 전통, 정치관, 육아관 등 통하지 않는 조건이 너무나 많습니다. 그렇기에 소통이 잘 되지 않는 것이 당연하다고 여기는 순간, 내가 하는 말이 달라질 수 있습니다. 이쯤에서 여러분이 기억해야 할 공식이 있습니다.

앞으로 누군가와 말하기 전에 마음속으로 다짐해야 할 생각의 공식입니다.

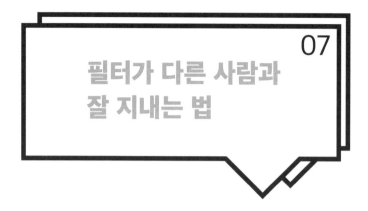

07

필터가 다른 사람과
잘 지내는 법

안 통하는 것이 당연하다!

　공식이 당연하게 여겨지는 순간 여러분의 마음속에 똬리를 튼 불편한 감정이 줄어들 것입니다. 그러면 이해의 마음이 생깁니다. "나는 이런데, 저 사람은 저렇구나." 하고요.

　앞서 우리는 필터가 달라 통하지 않는다고 했습니다. 그런데 몇몇 분들은 이 말에 반대의 생각을 갖고 계실 거예요. '나는 친구와 잘 통하는데? 나는 아빠와 잘 지내는데?' 하면서 사람끼리 안 통할 리가 없다고 생각하시겠죠. 네, 맞습니다. 분명히 나와 잘 통하는 사람이 이 세상에는 존재합니다. 그래서 완전히 똑같은 필터는 아니지만 비슷한 필터를 가진 사람과 만나게 될 수 있죠. 그리고 우리는 살면서 잘 통하는 사람을 만날 때 반가움을 느낍니다. 그런 사람은 정말 만나기 힘들기 때문이죠. 그래서 우리는 잘 통하는 사람을 만나면 그 사람에게 감사한 마음을 가져야 합니다. 그래야 그분들과 관계를 돈독히 하면서 잘 지낼 수가 있습니다.

그렇다면 완전히 다른 필터를 가진 사람과는 어떻게 지내야 할까요? 정말 나와 통하지 않는다고 느껴지는데 그래도 잘 지내야 한다면요. 필터가 완전히 달라도 잘 통할 수 있는 방법이 있습니다. 바로 서로 상대방을 '인정'하면 됩니다. 그럼 인정을 어떻게 해야 할까요?

제 친구가 신혼 때 생긴 일입니다. 신혼 초에 친구가 남편에게 빨래를 부탁했습니다. "여보 빨래 좀 돌려줘." 이렇게 간단하게 말하고 외출했어요. 그리고 약속을 마치고 돌아왔어요. 자, 빨래가 어떻게 되어 있었을까요? 문자 그대로 세탁기 안에 돌려져 있었습니다. 세탁물과 세제를 넣고 버튼 누른 빨래가 다 끝난 채로 통 안에 들어 있었습니다. 이를 본 친구가 "빨래가 끝났으면 널어야지!" 하고 남편에게 화를 냈어요. 그랬더니 남편이 "돌려놓으라며?"라고 말했어요. 여기서 누가 잘못했을까요? 1번 남편, 2번 아내, 3번 둘 다 잘못했다.

정답은 '잘못한 사람은 없다'입니다. 이 문제에는 잘못한 사람이 없어요. 둘이 안 통했을 뿐입니다. 통하지 않는 건 당연한 겁니다. 통했다면 감사할 일입니다.

그때,
조금만 더 대화해볼걸

우리는 보통 내 생각과 다르다는 이유로 네가 잘못됐다고 말합니다. 그렇기 때문에 여기서부터 싸움이 시작되죠. 그렇다면 이후에 제 친구는 어떻게 행동했을까요? "여보, 빨래 좀 돌려줘. 그리고 빨래가 끝나면 널어줘."라고 말하며 외출했습니다. 이 친구의 귀가 후, 빨래가 어떻게 돼 있었을까요? 완성된 세탁물이 빨래걸이 위에 널려 있었습니다. 물론 가지런히 잘 널려 있지는 않았습니다. 세탁기에서 나온 구겨진 상태 그대로였죠. 하나는 알지만 둘은 모르는 남편과의 갈등으로 친구가 답답해할 때, 전 친구에게 커뮤니케이션 코치로 접근하여 대안을 제시했습니다. 남편의 생각 방식을 이해하고 구체적인 요청을 하도록요. 친구는 이후 빨래가 끝나면 두 번 탈탈 털어 널고 셔츠 같은 건 옷걸이에 걸어 널도록 이야기하고 외출했습니다. 이번에는 어떻게 됐을까요? 친구가 원하던 대로 깔끔하게 빨래가 널려 있었습니다. 우여곡절이 있었지만 두 사람이 통할 수 있는 방향으로 한 걸음을 내딛은 거죠. 그렇게 친구는 남편이 어떤 사람인지 이해하고 인정했습니다.

제 친구의 일화를 보며 난 그렇게 못살겠다 하는 분도 계실 것입니다. 나와 정말 맞지 않은 사람인데 이렇게까지 신경 써가며 해야 하는지 이해되지 않겠죠. 하지만 무 자르듯 끊어내기 어려운 인간관

마음대로 말하기

계들이 있습니다. 부부, 연인, 고객, 직장 동료, 사업파트너 등 관계를 이어가기 위해 우리는 통하지 않는 사이를 통하게 노력해야 합니다. 최대한 노력해보고 더 이상 못하겠다 싶을 때, 그때 관계를 이어갈지 말지를 결정하면 되고요.

요즘 '손절'이라는 말로 관계를 잘라버리는 분들이 많습니다. 내 마음이 불편하니까 어떤 문제가 있었는지 생각하지 않고 곧바로 단절을 이야기하죠. 저 또한 어릴 적 친구와 그런 경우가 있습니다. 당시에는 내 마음이 어려우니 연락을 끊어버렸지만 돌이켜 생각해보면 그때 대화라도 해볼걸 하는 생각을 합니다. 지금이야 내 생각과 마음이 어떤지 알고 대화하는 방법을 알지만 어렸던 저는 몰랐으니까요. 그러니 이 책을 읽고 계신 분들은 저와 같은 후회가 없었으면 합니다. 최대한 대화를 하며 노력해보고 정 안 될 때 관계를 정리해도 됩니다. 물론 저는 여러분의 관계가 긍정적인 방향으로 회복되길 바라지만요.

08

모든 인간관계에는
갑과 을이 있다

나와 자주 소통하는 특정한 상대를 떠올려보세요. 그 관계에서 누가 갑이고 누가 을일까요?

이렇게 갑과 을을 관계의 주체로 지칭하면 사회적인 여러 문제로 인해 생긴 이미지 때문인지 부정적으로 생각하는 분들이 많죠. 그래서 우리 사이는 동등한 관계라서 갑과 을이 없다고 답하는 분들이 많을 것 같아요. 그런데 곰곰이 생각해보면 때에 따라 한쪽이 좀 더 요구하거나 아니면 의견을 더 자주 결정하는 역할을 하는 경우가 있습니다.

보기에는 동등한 관계라도 상황에 따라 갑과 을을 번갈아 맡기도 합니다. 물론 "난 항상 상대를 배려하기 때문에 을."이라는 분들도 있습니다. 이런 분들이 시간이 지남에 따라 상대에 대해 갖는 가장 큰 감정은 억울함입니다. 관계에서 손해를 보고 있다고 생각하죠.

그런데 우리는 항상 을일 수도 없고 갑일 수도 없습니다. 하루 종일, 365일 내내 다양한 사람들을 만나는데 어떻게 늘 을일 수 있을까요? 결코 그렇게 될 수 없죠. 앞서 언급했던 사회적인 여러 문제, 특히 갑질을 하는 이기적인 사람들 때문에 갑은 항상 나쁘고 을은 약자이자 억울하다는 이미지가 존재합니다. 그리고 계약서처럼 갑과 을이 정해진 관계는 계약을 지속하는 한 변하지 않습니다. 그렇지만 커뮤니케이션에서 갑과 을은 늘 바뀝니다. 한 사람하고 맺어진 관계임에도 하루에도 몇 번씩 바뀔 수가 있습니다.

직장을 예로 들어볼게요. A라는 사람은 취업활동을 하고 있습니다. 취업을 하고 싶으니 이 회사, 저 회사에 이력서를 냅니다. 그러면 면접을 볼 때마다 회사는 갑, A는 을이 됩니다. A는 회사에 들어가고 싶고, 회사는 A가 아니어도 뽑을 사람이 더 있으니까요.

자, 이제 A의 노력이 빛을 발하여 취업합니다. A는 일을 시작합니다. 사람마다 다르겠지만, A는 이제 따박따박 월급만 받으면 된다고 생각합니다. 회사 사장님은 A가 들어와서 하는 김에 다른 일도 잘했으면 좋겠고, 성과도 잘 냈으면 하고, 근태도 좋기를 바랍니다. 그러니 이때부터는 A가 갑이고, 회사가 을이 됩니다. 이제 1년이 지나 연봉협상 시즌이 됩니다. 다시 A는 을이 됩니다. 그간 내가 잘 했나 생각하며, 그간의 미진함을 만회하려 합니다. 연봉협상에서 좋은 결과를 얻으려면 A는 을로서 더 노력해야 합니다.

더 많이 원하면
을이다

그렇다면 갑과 을은 어떤 기준으로 정해지는 걸까요? 단순합니다. 더 많이 원하는 쪽이 을이 됩니다. 우리는 보통 요구하는 것이 많은 사람이 갑이라고 생각합니다. 계약할 때도 조건을 추가하고 좌지우지할 수 있다고 여기는 쪽이 갑이죠. 대체로 을은 나열된 조건에 수긍하느냐 아니냐를 결정하는 쪽이라고 여깁니다. 그러나 깊게 파고들면 얻어내려는 조건이 많은, 원하는 것이 더 많은 쪽이 을입니다. 예를 들어, 부모와 자식을 갑을 관계로 봐봅시다. 내가 부모일 때 아이에게 이것저것 지시하고 강요하는 것이 많으니 대부분 부모인 내가 갑이라고 생각합니다. 그런데 가만히 생각해보면 아이는 부모에게 원하는 게 많지 않습니다. 어릴 때는 관심과 애정을 받기를 원할 뿐이고 그마저도 사춘기가 되면 부모의 관심을 거부하기도 하죠. 그런데 부모는 아이에게 바라는 게 많습니다. 아이가 건강하게 잘 먹었으면 좋겠고, 숙제도 잘하고 자기 주도로 공부했으면 좋겠고, 이왕이면 무언가 말할 때 군말 없이 수긍했으면 하죠. 그렇기에 부모가 을입니다.

그럼 을은 나쁜 걸까요? 아니죠. '나쁘다, 나쁘지 않다'처럼 관계의 내용을 보지 않고 앞뒤 사정을 다 알지 못하면서 단정 지을 수 없습니다. 을은 단지 원하는 것이 많을 뿐입니다. 그러면 소통을 위한 노력은 갑과 을 중에 누가 해야 할까요? 더 많이 원하는 을이 해야 합니다. 갑은 무언가를 주지 않아도 되는 가만히 있는 상태가 가장 편하니까요. 그런데 을이라서 나만 노력하고, 억울해서 힘들다고 생각하는 분이 많습니다. 이 글을 읽는 여러분에게 그런 마음이 든다면 당장 생각을 바꿔보세요. 이 또한 부정적인 생각이며 이로 인해 여러분의 인생이 더 힘들어집니다.

이렇게 생각해보는 건 어떨까요? 내가 더 많이 원하는 을이니 소통 방법이 필요하고 성장의 기회가 될 것이라고요. 커뮤니케이션 스킬을 향상시킬 수 있는 기회 말이죠. 우리 마음대로 할 수 있는 것이 생각입니다. 솔직한 마음으로 기회라고 생각하기 싫을 수도 있지만 우리는 내 의지대로 생각을 바꿀 수 있습니다. 긍정적으로요.

09

을에게 필요한
마음가짐

소통에서 자신을 을로 놓고 갑을 생각해봅시다. 갑과 무엇을 하고 싶은가요? 대화하면서 통하고 싶죠. 그러기 위해선 을이 더 노력하고 갑에게 맞춰야 하죠. 갑이 무엇에 반응하는지, 뭘 좋아하는지, 어떤 말을 하면 싫어하고 화를 내는지, 어떤 말투로 얘기해야 내 말에 더욱 귀 기울이는지 등 우리는 상대에 맞춰 소통의 기술을 활용해야 합니다.

소통의 기술을 익히는 일은 마음만으로는 되지 않습니다. 오히려 마음만 앞서서 말실수를 하게 마련입니다. 그러니까 을의 입장에서 소통을 잘하려면 먼저 상대방을 중심에 놓을 줄 알아야 합니다. '내가 한다'가 아닌, '상대는 어떨까?' 생각해보는 것입니다. 이때 세 가

마음대로 말하기

지 마음가짐이 필요합니다.

첫째, 을은 갑을 사랑으로 바라보아야 합니다.

사랑이라고 하니 낯 뜨겁고 속이 간지럽고 쑥스럽게 느껴지는 분도 계실 겁니다. 저는 정열적인 마음보다는 약간의 따스한 애정을 을이 가져야 할 사랑으로 지칭하려 합니다. 애정을 가지고 '내가 이 사람과 잘 소통해봐야지' 마음먹는 거죠. 이런 마음의 반대편에는 상대를 보면서 '어떻게 하면 저 사람을 이용해 먹을 수 있을까?' '저 사람은 만만해서 다루기 쉽겠네' 하는 못된 마음이 있습니다. 사람을 도구나 돈으로 보고 접근하는 것입니다. 우리는 살면서 이런 거짓된 애정을 지니고 다가오는 사람을 종종 만나게 됩니다. 그래서 내 말을 들어주고 잘해주는 행동을 따스한 애정으로 여기다가 진실을 알고 나서는 상처 입습니다.

대부분 나는 진심으로 사람을 대한다고 생각하지만, 개중에 어떤 관계는 분명 목적을 지니고 대하는 경우도 있습니다. 가짜 애정은 상대방에게도 전달됩니다. 스스로 속내를 숨기고 관계를 잘 맺고 있다고 생각한다면, 상대방이 알면서 속아주고 있거나 점차 관계에 균열이 생기고 있음을 인지하지 못하고 있을 뿐인지도 모릅니다. 진짜 애정으로 소통해야 사람을 대하는 자신의 마음도 편안해집니다. 상대를 사랑으로 보는데도 소통이 잘되지 않는다면 '맞아, 안 통하는 게 당연한 거랬지' 하며 한 박자 쉬는, 애정에서 비롯된 여유도 필요합니다. 장기적인 관계를 위해서요.

둘째로, 을은 갑에게 관심이 있어야 합니다. 지켜보는 시간이 필요합니다. 덧붙여 단순히 관심 갖는 것을 넘어 관찰해야 합니다. 한 사람에 대해 꾸준히 관심을 보이면서 관찰할수록 그 사람에 대한 정보를 많이 알아낼 수 있기 때문입니다. 집중할 때 행동이나 친구들 앞에서의 행동, 무엇을 좋아하거나 싫어하는지, 커피는 어떤 걸 마시는지 등 이런 구체적인 특징들을 말이죠.

그만큼 오래 알았는데 아직도 나를 그렇게 몰라?

재무 설계를 하는 분이 있습니다. 이분은 항상 커피숍에서 고객을 만납니다. 그날도 한 고객과 네 번째로 미팅하던 날이었습니다. 그 고객에게 "커피 뭐 드시겠어요?"라고 물어봤더니, 고객이 "아직도 물어보세요?" 하며 제 지인에게 되물었다고 합니다. 지금까지 계속 자신은 커피를 좋아하지 않아 마시지 않는다고 답을 했는데 볼 때마다 물으니 답답했던 것입니다. 그때 제 지인은 정신이 번쩍 들며 아차 싶었다고 합니다. 기억력의 문제도 있겠지만 나와 소통해야 하는 상대에 대해 제대로 관심을 주지 않았음을 깨달은 것이죠. 그래서 이날 이후로 누구를 만나든 메모를 남긴다고 합니다. 고객을 만나면 그 고객이 무엇을 마셨는지, 무엇을 안 마시는지, 어떤 특이사항이 있는지

마음대로 말하기

를요. 이렇게 관심을 가지고 관찰하는 습관이 생겼습니다. 물론 그동안 고객에게 아무 관심이 없던 것은 아니었습니다. 내가 판매하는 상품에 대해 흥미를 보여주는 사람에게 사랑도 있었고 관심도 있었습니다. 그런데 관찰하지 않고 그걸 기억하지도 않았던 것입니다. 그래서 우리가 누군가와 통하고 싶을 때는 애정과 관심을 가지고 관찰할 필요가 있습니다. 그래야 제대로 된 커뮤니케이션을 할 수 있습니다.

셋째, 을은 갑에게 적절히 표현할 줄 알아야 합니다. '마음대로 말하기'의 마지막 단계인 표현하기, 이것 없이는 소통이 완성되지 않습니다. 제가 강의할 때 어떤 회사의 대표께서 자신의 경험을 말해준 적이 있습니다. 일을 너무 못하는 직원이 있었는데, 지난 강의를 듣고 곰곰이 생각해보니 그 직원이 일을 못하는 게 아니라 자신의 지시가 형편 없었다는 것을 깨달았다고요. 그래서 그런 지시를 참고 견딘 그 직원이 참 괜찮은 사람이란 것을 알았다는 거죠. 그래서 제가 대표분께 그 직원에게 칭찬의 말 혹은 감사의 말을 전했는지 물어봤습니다. 그런데 아직 못 했다는 답을 들었죠. 그때 저는 사막에서 한 걸음만 더 나아가면 오아시스에 닿을 수 있다는 마음으로 표현을 꼭 시도하길 강조했습니다.

내가 상대를 괜찮은 사람이라고 생각하고 있다는 것을 나 혼자만 알고 표현하지 않으면 관계에 도움이 되지 않습니다. 그 직원이 일도 잘하고 야무진 사람이라면, 이에 대해 칭찬의 말 한마디가 얼마나 큰 성취감을 가져다줄까요? 대표의 칭찬으로 자긍심이 생겨 더 열심히 일하고 대표 또한 좋은 리더로서 발돋움하는 계기가 될 것입니다. 그렇기에 소통하고 싶은 상대를 사랑과 관심으로 보고 관찰까지 해서 이해하고 있다면, 마지막으로 표현해야 소통이 완성됩니다.

10

우리는 늘 화가 나 있다. "그 사람" 때문에!

영화에 나오는 녹색 괴물 헐크를 아시나요? 헐크의 명대사 중에 "난 언제나 화가 나 있어 I'm always angry."가 있습니다. 헐크는 이 말이 자신의 비밀이라고 해요. 하지만 저는 이것이 헐크뿐만 아니라 우리 모두의 비밀이라고 생각합니다. 왜냐하면 우리는 늘 화가 나기 때문입니다.

세상에는 화 나는 일이 너무 많이 일어납니다. 그래서 우리는 눈을 뜨고 잠들 때까지 혹은 꿈속에서도 화를 냅니다. 그렇다고 화가 격분하는 강한 감정만을 의미하지는 않습니다. 점심시간을 앞두고 배가 고파올 때 어떤 기분이 드나요? 배고파하면서 살짝 불편한 감정을 느끼게 되죠. 그러다 점심시간이 되어 밥 먹기 바로 전에 누군가가 나를 붙잡는다면 훅하고 갑자기 불쾌한 감정이 올라오겠죠. 강한 분노가 아니더라도 불편하고 불쾌한 마음을 갖는 것 자체가 화의 일종입니다.

화에는 많은 유의어가 있습니다. 격분, 분노, 노여움, 역정, 성, 부아, 뿔따구, 골. 화를 의미하는 단어들인데 뉘앙스는 조금씩 다릅니다. 이 단어들 모두 상대방에게 영향을 받아 생기는 감정입니다. 화라는 감정은 상대방에게 원인이 있다는 뜻입니다.

몇몇 다른 감정들은 상대방을 향해 있지 않은 상태에서 생기기도 하는데, 화는 꼭 원인이 되는 주체가 존재합니다. 그래서 사람 때문에 생긴 화는 나를 화나게 한 그 사람을 비난하게 만들고 그 사람을 판단하게 만듭니다. 이윽고 상대방을 비교하고 내 뜻에 따르게 강요합니다. 자신의 행동을 타당하게 만들어 당연시하고 결과적으로 나는 문제없다며 자기 합리화를 하곤 하죠.

비난, 판단, 비교
강요, 당연시, 합리화

화를 표현하는 데는 여섯 가지 패턴이 있습니다. 일단 화가 난 대상이 있기 때문에 그 대상을 비난하고 싶어 합니다. "너 왜 그 모양이냐, 니가 나빴어." 이렇게 얘기하고 싶어합니다.

판단하고 싶어합니다. "너 그거 싫어하잖아, 너 원래 그렇잖아, 너

　　　　　　　　　　　　마음대로 말하기

나 원래 안 좋아했잖아." 이렇게 내 판단을 바로 이야기하고 싶어합니다.

비교하고 싶어합니다. "다른 사람은 안 그러는데 너는 왜 그래?" "옛날 직원은 안 그랬는데 너는 왜 그래?" "옆집 애는 안 그러는데 우리 애는 왜 이래?" 하고요.

또 강요하고 싶어합니다. 약간의 협박을 섞기도 하면서요. "좋은 말로 할 때 해라." 이런 강요는 드물지 않죠. "이렇게 안 하면 이렇게 될 텐데." 하고 협박 섞인 말도요.

그리고 당연시하고 싶어해요. "그것도 몰라? 아니 어떻게 그걸 몰라? 회사를 2, 3년 다녔으면 이 정도는 당연히 해야 하는 거 아니야? 아니 일을 어떻게 했대? 경력이 몇 년인데." 이렇게요.

마지막으로 합리화하고 싶어합니다. 상황이 안 될 때를 상상해봅시다. 비도 오고, 시간도 없고, 컨디션도 좋지 않습니다. 일도 잘 풀리지 않습니다. 상대방과는 전혀 상관없는 것들을 결국 연결시킵니다. '당신이' 그러니까 내가 이러지. 상대방에게서 요인을 찾습니다. 나를 정당화시키고 합리화시키려는 겁니다. 이 합리화는 다른 말로 책임 회피라고 부르기도 합니다.

그런데 여기서 우리가 잊지 말아야 할 것이 있습니다. 화가 난 다음 머릿속에 떠오르는 이런 생각들은 아주 자연스러운 현상이라는 것입니다. 우리가 못된 사람이라서가 아니에요.

그런데 어디서 문제가 생길까요? 이 생각 그대로 말을 내뱉으면 문제가 시작됩니다.

상대방에게 지금까지 늘어놓은 말을 누군가가 여러분한테 했다고 생각해보세요. 그 사람과 대화하고 싶나요? 리액션에서 화를 내는 방법도 매우 중요한 이유입니다.

그러니 우리는 앞으로 상대를 비난하고 싶어질 때, 이를 알았으면 합니다. '내가 지금 화가 나서 저 사람을 비난하고 싶구나' 알고, 그다음 실제로 비난하지 말고 멈추어야 합니다. 왜냐하면 비난을 입으로 내뱉는 순간부터 관계가 틀어지기 때문입니다.

제가 앞서 감정이 유지되는 시간을 말씀드렸죠. 바로 90초입니다. 화가 날 때, 90초를 참아보세요. 90초면 되는데, 그 생각을 10년도 하고, 20년도 하고, 3일도 하고, 하루도 합니다. "생각할수록 화가 나네." 한 번쯤 뱉어본 적 있는 말입니다. 계속 생각했다는 뜻입니다. 생각에 생각을 덧대어 감정의 꼬리를 물고 화를 내는 거죠. 내가 화가 났다는 것을 상대방에게 알리고 싶고, 비난하고 판단하고 싶어지죠. 이때 생각을 끊어내야 합니다.

우리는 우리 의지대로 생각을 바꿀 수 있습니다.

11

나는 왜 감정 소모를 하며
스스로 작아지는가?

생각을 안 하면 이내 사라지게 되는 것을 우리는 왜 자꾸 떠올리고 생각하고 그 화를 붙잡고 있을까요? 이유는 여러가지가 있을 수 있습니다. 저 사람이 내가 화가 났다는 것을 알아야 하는데, 아직 모르기 때문일지도 모릅니다. 그러면 내가 화가 났다는 사실을 알아줄 때까지 나는 화를 유지하고 있어야 하는 거죠. 이럴 때 나 스스로 알고 있으면 됩니다. "내가 화가 났고, 내가 저 사람에게 내가 화가 났다는 것을 알려줘야 한다는 의도를 가지고 아직 화를 유지하고 있구나." 하고. 나쁘고 좋고는 없습니다. 스스로 결정하는 것이고, 감정을 인지하고 행동을 선택하는 것입니다.

"내가 요즘 마음이 좀 그래서, 운동도 하기 싫고, 할 게 있는데 못하겠어." 이 또한 감정이 행동에 영향을 미치는 부분입니다. 이 기분은 무언가를 미루는 데 좋은 핑계가 됩니다. 할 일이 있는데 왜 미룰까요? 기분이 앞섰다기보다 스스로 정리하지 못한, 하기 싫은 이유가 있습니다. 그렇다면 그걸 알면 됩니다. 알면 탁 털고 일어나는 순간이 옵니다. "내가 하기 싫구나. 하기 싫은 이유가 있구나. 그러면 딱 3일만 미뤄야겠다." 그렇게 3일이 지나면 그냥 하는 것처럼요.

나 스스로를 알고 자신이 컨트롤할 수 있는 부분을 컨트롤 하면 좋습니다.

다시 화가 커뮤니케이션에 미치는 영향을 봅니다. 화가 나면 감정이 실린 날카로운 말을 상대방에게 던집니다. 그래서 그 말이 말싸움이 되고 때로는 몸싸움으로까지 번집니다. 그런데 이렇게 직접적인 싸움을 해서 감정이 상하면 결국 스트레스가 되어 우리가 가진 에너지를 심하게 낭비하게 됩니다. 그럼 정신적으로나 신체적으로 너무 힘이 들고 지칩니다.

그렇다면 화를 내는 것 말고도 에너지 낭비를 일으키는 것들에는 무엇이 있을까요? 과도한 업무, 걱정 근심, 불편한 만남처럼 듣기만 해도 기가 빨리는 일이 있겠고, 운동하기, 밥 먹기, 게임하기처럼 일상적인 루틴이라도 에너지 낭비를 일으킬 수 있습니다. 이는 개인에 따라 낭비가 될 수도 혹은 아닐 수도 있다는 뜻이죠.

제 지인은 술을 싫어합니다. 그래서 술자리 자체를 피합니다. 그

마음대로 말하기

런데 저는 과음이 아닌 친한 사람들과 한두 잔 정도 곁들인 가벼운 술자리는 좋다고 생각합니다. 에너지 낭비가 아니라 오히려 스트레스를 푸는 삶의 활력이 되는 시간이죠. 그렇기에 제가 에너지가 낭비되는 게 무엇인지 단정해서 알려드릴 수는 없습니다. 대신 무엇이 여러분을 지치게 하는지 함께 찾아드릴 수는 있습니다.

자신의 하루, 이틀 혹은 일주일을 생각해보세요. 어떤 일을 할 때나 어떤 생각을 할 때, 불편하고 피곤하다 느꼈나요? 최근 강의를 하면서 제가 이 질문을 하면 공통으로 들려오는 답이 있습니다. 재밌다고 생각해서 습관처럼 보지만 보고 나면 불편한 마음이 들었던 SNS와 커뮤니티 사이트, 끊이지 않고 오는 단체 채팅방, 돈과 미래에 대한 걱정이죠. 이 중 해당되는 것이 있나요? 없다면 나만의 에너지 낭비 구멍을 찾아보세요. 그리고 낭비를 일으킨 원인을 줄이거나 멈추게 만들어야 합니다. 만약 현재 한 가지 생각을 반복하며 시간과 에너지 모두 낭비하고 있다면 단호하게 멈춰야 합니다.

그래도 자꾸 생각난다면 타이머를 맞추고 그 시간 동안만 생각하고 다른 생각으로 넘어가거나 몸을 움직여 멈춰보세요. 의식적인 문제는 이렇게 스스로 마음을 다스리며 조절할 수 있습니다. 그런데 업무가 많은 직업이라 나만의 낭비 구멍인 야근을 멈출 수가 없고 꼭 해야 하고, 최대한 줄이도록 노력하는데도 어쩔 수 없다면, 빠져나온 에너지만큼 에너지를 채우는 방법을 찾아야 합니다.

우리는 소비보다
생산적인 활동에서 힘을 얻는다

소모된 감정을 회복하고 에너지를 채운다는 것은 무슨 의미일까요? 바로 뭔가를 할 의욕의 불씨를 살린다는 말과 같습니다. 쉴 때 아무것도 하지 않고 하루 종일 자는 것으로 불쾌한 감정을 잊고 다시 생활에 힘을 보태는 사람도 있을 것이고, 여행으로 지난 감정을 씻어내고 힘을 얻는 사람도 있을 것입니다.

우리의 몸을 생각봅시다. 아침에 일어나서 씻고 외출해서 학교에 가거나 일을 하러 가죠. 아니면 누군가를 만나기도 하고 운동이나 쇼핑을 가기도 합니다. 이 모든 행동은 몸에 저장된 에너지를 태우면서 작동합니다. 그리고 나면 에너지를 소모한 만큼 음식을 먹으며 필요한 열량, 에너지를 채웁니다. 그렇다면 여러 감정이나 스트레스로 인한 에너지 낭비는 어떻게 채워야 할까요? 바로 내 마음에 안정을 가져다주는 활동을 하면서 채워야 합니다.

이 안정감은 SNS만 봐서는 채워지지 않을 때가 많습니다. 사람은 의외로 소비하기보다 생산하면서 의욕과 에너지를 채우기 때문입니다. 삶에 대한 의욕은 보다 깊이 있는 안정감을 가져다줍니다.

어떤 사람은 친구와 함께 유명 맛집을 찾아다니며 요리를 먹는 일이 위안이 되겠고, 어떤 사람은 혼자 술 한 잔하며 배달 음식으로 하루를 마감하는 것이 위안이 될 수 있겠죠. 맛있는 것을 먹으며, 맛을

마음대로 말하기

분석하며 음식에 대한 경험치를 쌓는 것도 생산적인 활동입니다. 또는 헬스장에서 근력운동을 하며 땀 빼는 것이 스트레스 해소로 최고라고 말하는 사람이 있겠고요. 운동은 그 무엇보다 분명한 생산적인 활동이죠. 책을 읽는 것이 안정감을 가져다준다는 사람도 있습니다. 책을 읽는 행위는 생각보다 더 능동적인 활동입니다. 책은 나 스스로 책장을 넘기면서 앞의 내용과 지금의 내용을 이어나가는 활동이니 생산적인 활동입니다. 손으로 뭔가를 만드는 사람, 블로그에 좋아하는 주제로 글을 쓰는 사람도 있습니다. 명상을 하는 사람도 있죠.

이렇게 타인에게 해를 가하지 않는 선에서 자신에게 힐링이 되는 활동을 하며 비어 있는 에너지를 채우면 됩니다. 에너지가 낭비되어 힘이 들고 지친다면 잊지 말고 반드시 위로의 시간을 가지세요. 그래야 에너지가 고갈되어 아예 방전되기 전에 힘을 얻어 오늘을 살 수 있습니다.

────── 우리는 달라도 너무 다르다 ──────

∘ 커뮤니케이션은 리액션의 반복이다.

∘ 대화할 때는 늘 나 자신을 먼저 점검한다.

∘ 누가 잘못했는지 따지지 않는다. 대화에서 잘못한 사
  람은 없다.

∘ 내가 무엇을 원하는지, 상대방이 무엇을 원하는지 깊
  이 들여다본다.

∘ 사람은 모두 다르다. 상대방이 나 같지 않음을 꼭 기
  억한다.

∘ 갑과 을은 상황에 따라서 늘 바뀐다.

∘ 우리는 보다 나은 곳에 에너지를 써야 한다.

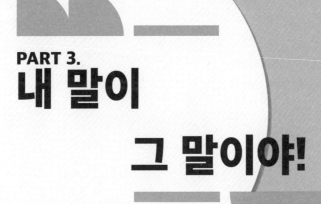

PART 3.
내 말이
그 말이야!

'감정'을
알아주고
'요청'을
알아차려주세요.

01

나도 내가
왜 이러는지 모르겠어

몸이 아플 때 건강을 되찾고자 운동을 해야겠다고 마음먹습니다. 운동은 반복입니다. 그렇게 해서 근육을 만들고요. 근육 1킬로그램은 대략 1300만 원의 가치가 있다고 합니다^{보건뉴스. 2023.12.1. 기사}. 그래서 나는 운동하면서 돈을 버는 셈이다, 생각하며 운동한다는 분도 계셨고요. 말도 운동과 같습니다. 말에도 근육이 붙어야 합니다. 운동해서 근육을 만드는 데 시간이 걸리는 것처럼 말의 근육을 만드는 데도 노력과 시간이 필요합니다. 몸의 근육을 붙이는 데 어느 정도의 시간을 쓰는지, 일주일에 몇 회를 할애하는지에 따라 근육이 얼마나 어떻게 붙는지 다른 것처럼 말의 근육도 노력과 연습에 따라 그 결과가 달라집니다.

마음대로 말하는 방법을 연습하기 전에 먼저 우리의 마음에는 뭐가 있나 이야기하려고 합니다. 우리의 마음을 바다라고 생각해봅시다. 바다 전체를 마음이라고 한다면 저는 이 바다를 수면 위, 바닷속, 그리고 더 아래에 잠긴 땅속으로 구분합니다. 여기서 수면 위로 드러나는 부분이 행동입니다. 우리가 하는 행동 중에 가장 빈번하게 하는 것이 바로 언어, '말'이고요.

내가 즐거운 이유는
내 마음대로 되었기 때문이야

그렇다면 바닷속에는 어떤 마음이 숨어 있을까요? 행동이라는 물결을 만드는 기분과 감정이 있을 겁니다. 그 기분과 감정은 어떻게 생겨나는 걸까요? 내 마음대로 되느냐 안 되느냐에 따라 기분이 좋아지기도 하고 감정이 상하기도 하겠죠.

땅속은 욕망, 소망 등 무언가를 원하는 마음을 품고 있습니다.

바다라는 마음의 시스템에서는 원하는 것을 인지하고^{땅속} 이를 감정으로 받아^{바닷속} 행동으로 나타납니다^{수면 위}.

수면 아래를 생각해보았을 때 바다가 더 깊을까요, 아니면 땅속이 더 깊을까요? 바다보다 땅속이 훨씬 깊습니다. 그래서 우리가 원하는 것은 아주 깊은 곳에 숨어 있는 거죠. 그래서인지 종종 우리 스스로 찾아내기가 힘듭니다. 혹은 아예 인식하지 못하기도 합니다. 단

행동　　　　　　　　수면 위

기분, 감정　　　　　　　바닷속

원하는 것　　　　　　　땅속

단한 땅속에 묻혀 있기 때문입니다.

　기분과 감정의 길은 두 가지입니다. 원하는 것이 내 마음대로 되었느냐, 안 되었느냐에 따라서 바닷속의 기분과 감정이 결정됩니다. 그래서 어떤 기분을 느꼈을 때 우리는 간단하게 두 가지로만 생각하면 됩니다. '내가 지금 느낀 즐거움은 무언가 내 마음대로 되었기 때문이야.' '내가 지금 불쾌함을 느끼는 건 무언가 내 마음대로 안 되었기 때문이지.' 이런 식으로요. 그러면 우리가 땅속에 묻혀 있어서 인식하지 못했던 나의 욕구를 알 수 있기도 합니다. 그리고 내가 무엇을 원하는가를 알고 제대로 말하려면 상대방은 무엇을 원하는가도 알아야 합니다. 저 사람은 무엇을 원하길래 지금 저런 말을 하는지를 이해해야 내가 원하는 것을 알맞게 표현할 방법을 찾을 수 있기 때문입니다.

02

말이 통하면
말하는 것이 즐거워진다

　스피치와 커뮤니케이션은 의미가 조금 다릅니다. 스피치는 목소리와 발음을 중요시하는 경향이 있다면, 커뮤니케이션은 발음이 얼마나 정확하고, 목소리가 얼마나 좋은가라는 요소에 조금 다른 기술이 더 필요합니다.

　저는 영어를 전공했지만, 우리말로 말하기를 가르칩니다. 인생의 갈림길마다 선택을 하다 보니 그렇게 되었습니다. 아나운서도 하고, 배우도 하면서 '나는 왜 영어를 전공했을까? 영어가 왜 좋았을까?' 생각했는데, 과거의 순간순간을 떠올렸더니 영어 자체가 엄청 좋아서 전공한 것이 아님을 깨달았습니다. 저는 말이 통하는 것이 재미있었어요.

　제가 어릴 때 저희 아버지는 군인이었습니다. 어린 시절, 아버지는 영어를 잘하셨는데, 헬기를 조정하면서 사용하는 용어도 모두 영어였고, 국군임에도 미군에 가서 통역도 하시고, 그러면서 외국인 파일럿과 대화하던 모습들이 기억에 남아 있습니다.

"저 말은 뭐야? 나는 모르겠는데. 아빠는 왜 알아들어? 저 사람들은 어떻게 아빠랑 말이 통해?"

아버지가 나는 모르는 말로 이야기를 하는데, 서로 말을 주고받는 광경이 제게는 인상 깊었습니다. 아마 그때 아버지가 중국어를 했다면 중국어를, 스페인어를 했다면 스페인어를 전공했을지도 모르겠습니다.

당신은 왜
내 마음을 몰라주나요?

그런데 우리는 서로 같은 언어를 쓰는데, '말이 안 통한다'는 말을 자주 합니다. 나는 이런 마음인데 저 사람은 왜 내 마음을 몰라주는 걸까요? 난 이렇게 말하고 싶었는데, 왜 다르게 말하고 집에 가서 후회하는 걸까요? 왜 대체 우리는 말이 통하지 않는 걸까요?

지금까지 마음대로 말을 못했던 나는 뭐가 달랐던 건지 살펴봤습니다. 나는 나를 잘 알고 있었는지, 그저 상대방에게 말의 공이 날아오면 반사적으로 받아치는 단어들을 내뱉고 있진 않았는지 스스로를 되돌아봤어요. 스스로 무엇을 원하는지 정확히 알지 못했고, 우리는 다르다는 사실을, 상대방은 나같지 않음을 머리로만 알고 인정하지 못했던 것도 같습니다. 그래도 내가 옳다고 생각하며 상대방을 원망스러운 마음으로 대했을지도 모르겠습니다.

이제 마음이 말이 되어 나온다는 것도 알았습니다. 내게 도움되지 않는 감정을 좋은 방향으로 이끌어가는 것이 나를 위한 커뮤니케이션의 첫걸음이라는 것도요.

03

생각의 매뉴얼:
진짜 마음 알아내기

이제 마음대로 말하고 싶은 분들에게 '생각의 매뉴얼'을 알려드리려 합니다. 말할 때 내가 뭘 어떻게 하길 원해서 말하려 하는 것인지, 상대방에게 어떤 반응을 이끌어내고 싶은지 '인지'하고 있어야 하는 건 알겠는데, 그래서 구체적으로 뭘 어떻게 해야 하는지 두루뭉술하다면 이제부터 전해드릴 내용이 큰 도움이 될 것입니다.

바로 이 말이 하고 싶었던 것이었는데, 다른 얘기로 대화가 종결되기도 합니다. 그러니 하고 싶었던 '그 말'을 어떻게 만들어야 하는지, 어떤 요소로 그 말이 만들어지는지, 그 말을 하기까지 어떤 생각의 매뉴얼을 갖고 어떤 대답의 매뉴얼을 갖고 대화하면 좋을지 알아보려 합니다.

커뮤니케이션은 리액션의 연속이라고 했습니다. 대화에서 리액션이 오고 간다는 것은 뭘까요? 대화라는 것이 뭔가요? 간략히 말해, 듣기와 말하기입니다. 그래서 이제부터 하려는 것이 듣기와 말하기 연습이라고 보셔도 좋겠습니다.

앞서 간략하게 언급한 바닷속 마음 찾기를 참고해서 반복해야 합니다. 머리로는 알고 있지만 실제로 해보기 전에는 내 것이 되지 않으니까요.

기분이 어떻지?

원하는 것이 뭐지?

우리는 앞으로 말하기 전에 두 문장을 떠올려야 합니다. 진짜 마음을 찾기 위해 스스로 의문을 가져보는 거죠. 그래야 좋지 않은 일이든 좋은 일이든 어떤 일이 내 앞에 닥쳤을 때, 바로 생각해낼 수 있습니다. 물론 좋을 때는 괜찮습니다. 하지만 나쁜 일을 경험할 때는 꼭 생각해보세요. '지금 기분이 나쁘네' 하는 데 그쳐서 여기서 더 생각하지 않고 감정을 끝내면 공감하는 능력과 표현하는 능력을 다 놓치기 때문입니다. 그러면 무의식적으로 나쁜 감정을 가져다준 부정적인 생각을 계속 끌고 나갈 가능성이 높아집니다. 그러니 마음속에서 두 문장을 번갈아가며 생각하며 그에 맞는 답을 찾아야 합니다.

상대방과 대화하다가 의견이 맞지 않아 말다툼이 일어났다고 가정해봅시다. 처음에는 내 말을 이해하지 못해 섭섭했는데 반복하다 보니 서서히 짜증이 나고 그러다 상대를 비난하는 단계까지 왔습니다. 자, 지금이 바로 그 타이밍입니다. 곧바로 상대방 탓을 하는 말을 하기보다 왜 섭섭한 마음이 들었는지 원인을 찾아야 하는 타이밍이죠. 내 기분이 상했다. 이 감정을 알아챘다면, 이때 바로 '내가 원하는 게 뭐였지?'를 떠올려야 합니다.

그냥 나쁘다 하지 말고
감정에 분명한 이름 붙여주기

부정적인 마음이 들었다는 것은 원하는 것이 내 마음대로 안 되었음을 의미하죠. 그러니까 여러분에게 비슷한 일이 일어난다면 내가 마음대로 하고 싶었던 게 뭔지를 찾아야 합니다. 상대방이 내 의도대로 행동하지 않아서 그럴 수도 있고, 내가 하는 설명이 미흡하여 자신에게 답답한 마음을 상대방에게 전가하는 것일 수도 있습니다. 이때 상대방만을 탓하기보다 자기 자신도 돌아보는 습관을 가지는 것도 좋습니다. 그리고 다음으로는 구체적인 기분을 찾아야 됩니다. 다툼으로 인해 기분이 나빠졌습니다. 그런데 '나빠요'의 종류가 너무 많습니다. 그냥 나쁘다로 표현할 수도 있겠지만 우리는 좀 더 구체적으로 자신의 기분을 표현할 수 있어야 합니다. 그래서 감정의 이름을

마음대로 말하기

이야기하는 연습을 해야 합니다.

저는 감정을 표현하는 부분이 굉장히 중요하다고 생각합니다. 말을 해서 내 감정과 원하는 바를 확실히 일깨우기 때문도 있지만, 내 기분이 어떤지 말하지 못하면 상대방을 공감해줄 수도 없기 때문입니다. 상대방에게 "너는 지금 기분이 이렇구나." 하며 말할 수가 없습니다. 공감이란 누군가의 말을 들어주기만 하면 된다고 여기는 사람들이 많습니다. 그래서 스스로 공감 능력이 뛰어나다고 착각하기도 합니다.

상대의 감정을 명확하게 이해하고 이를 말로 표현해줄 때 그 자체로 진정한 공감이 됩니다. 그래서 내가 내 감정을 제대로 모르고 말로 해보지 않았다면 공감 능력이 떨어질 수 있죠. 보통 내 것을 잘 챙겨야 상대방의 것도 잘 챙겨볼 수 있거든요. 이 또한 훈련이기 때문에 우리는 말해본 것만 말할 수 있습니다. 그래서 좋다, 나쁘다 두 개를 말하는 사람과 좋다, 나쁘다, 즐겁다, 슬프다, 안타깝다, 섭섭하다, 미안하다, 애절하다, 답답하다, 낙담하다 열 개를 말하는 사람과는 공감 능력에서 차이가 벌어집니다. 그냥 기분이 나쁘다고 말하기보다 네가 내 말을 온전히 들어주지 않아 답답하다고 구체적으로 표현하면 상대도 나를 이해하기 쉬워지고요.

감정을 표현한다는 것은 그것을 통해서 상대방에게 무언가를 얻고 싶은 것이 있다는 뜻이기도 합니다.

자 그럼, 지금까지 나온 생각의 매뉴얼을 정리해보겠습니다.

❶ 지금 나의 기분이 어떻지? → '좋다' 혹은 '나쁘다'를 구체적으로 생각해보자. → '황홀했어.' 혹은 '심란했어.'

❷ 그렇다면 원하는 게 뭐였지? → 무엇을 원했길래 내 마음대로 되어서 기분이 좋았을까? 혹은 무엇이 내 마음대로 되지 않아서 기분이 나빴을까?

이런 순서대로 생각하면 좋습니다. 그러고 나서 말로 감정을 표현하는 것이 마음대로 말하기의 시작입니다.

표현사전:
마음대로 되지 않았을 때

04

오래전 SNS에서 본 이야기입니다. 어느 유명한 소설가가 수업할 때 "짜증난다."라는 말을 금지했다는 겁니다. 습관적으로 "짜증난다."라는 단어를 쓰면서 소설을 쓸 때 표현의 폭이 좁아지는 것을 우려하는 마음이었을 겁니다.

말도 마찬가지입니다. 힘들고 속상하고 슬프고 화나고 초조한 마음을 전부 "짜증난다."라는 단어 하나로 표현해버리면, 정말 내가 무슨 생각이었고, 무엇을 원하는지 알 길이 없습니다. 너무 명확한 상황에 처했다면 알 수는 있겠지만, 모든 일이 그렇진 않습니다. 마음을 섬세하게 들여다보고 내가 느낀 감정이 실망스러워서 힘들었던 건지, 억울해서 속상했던 건지, 서운해서 슬펐던 것인지, 두려운 마음에 덜컥 화부터 난 건지 잘 들여다봐야 합니다.

그런데 감정을 생각으로 정리하고 말로 내뱉어본 경험이 적다면, 내가 느끼는 그 무수하고도 미묘한 감정을 표현할 단어, 다시 말해 표현력이 부족할 수밖에 없습니다. 그래서 말을 정리하는 데 조금이라도 도움이 될 만한 감정 풍선을 가져왔습니다.

기분을 표현할 수 있는 어휘들은 굉장히 많습니다. 먼저 마음대로 되지 않을 때의 감정에 대해 알아볼까요? 나쁜 기분이 들고 왜 그런지 이유를 알고 나면 내가 지금 느낀 구체적인 감정이 무엇인지 찾아야 합니다. 그래서 다음 페이지에 있는 풍선 속 감정들을 쭉 보면서 본인이 이 중에서 몇 가지의 감정을 표현하고 있는지 한번 살펴보겠습니다. 의미를 모르는 단어는 거의 없을 겁니다. 이미 아는 단어인데, 꺼내지 않았을 뿐이에요. 그러나 자신이 속으로 생각하는 것이 아닌 입 밖으로 꺼내서 말하는 어휘들은 생각보다 적을 겁니다. 이 중 몇 개나 되는 단어를 직접, 입 밖으로 꺼내보셨나요?

표현할수록 정돈되는 부정적인 감정의 단어들

제가 만나본 분 중에 이 많은 단어 중 딱 하나만을 고른 분이 계셨습니다. 평소에 말을 많이 하지 않는 분이기도 했지만 제가 알려드린 표현들을 나쁜 감정이라고 생각해서 말하는 것을 피해왔다고 합니

마음대로 말하기

다. 이 감정들을 말하면 기분이 점점 더 나빠지기 때문에 말하지 않는 것이 좋았다는 거죠. 이는 부정적인 느낌이 들었을 때 꾹 참는다는 뜻이기도 합니다.

우리는 참다 보면 어느새 그 감정에 몰입하여 더 커진다는 것을 잘 알고 있죠. 그러니 참는 것이 다 능사는 아닙니다. 관계가 혹여라도 어긋날까 걱정되더라도 나의 불편한 마음을 표현해야 할 때도 분명 있습니다. 그럴 때 세련되게, 상대방을 탓하지 않으면서 잘 이야기하려면 표현을 잘 익히는 것도 중요합니다.

갑갑한 · 기운 없는 · 낙담한 · 걱정되는 · 겁에 질린 · 마음 상한 · 겁나는 · 긴장되는 · 속상한 · 기운을 잃은 · 깜짝 놀란 · 격분한 · 마음이 안 놓이는 · 낯선 · 무관심한 · 맥 풀리는 · 격앙된 · 조심스러운 · 낙심한 · 무감각한 · 슬픈 · 냉담한 · 고민스러운 · 냉정한 · 고독한 · 고통스런 · 노한 · 무기력한 · 곤란한 · 힘 빠지는 · 무딘 · 골치 아픈 · 답답한 · 무서워하는 · 관심이 없는 · 당황한 · 미심쩍은 · 괴로운 · 두려운 · 민감한 · 근심스러운 · 뒤숭숭한 · 민망한 · 불만족스러운 · 안절부절못하는 · 부끄러운 · 기가 죽은 · 애도하는 · 분개한 · 불안정한 · 무안한 · 조바심 나는 ·

억울한 · 불쌍한 · 불편한 · 언짢은 · 좌절스러운 · 불행한 · 외로운 · 주저하는 · 비관적인 · 용기를 잃은 · 지겨운 · 비참한 · 우려하는 · 지루한 · 상심한 · 우울한 · 지치는 · 섭섭한 · 울적한 · 질리는 · 슬픔에 잠긴 · 의기소침한 · 짜증나는 · 성난 · 의심스런 · 초조한 · 미운 · 충격적인 · 성가신 · 전전긍긍하는 · 침울한 · 시무룩한 · 절망스런 · 풀이 죽은 · 시샘하는 · 정 떨어지는 · 심란한 · 피곤한 · 졸리는 · 신경이 곤두선 · 불안한 · 피로한 · 신경 쓰이는 · 실망한 · 혼란스러운 · 심드렁한 · 화나는 · 회의적인 · 심술 난 · 힘겨운 · 조마조마한

05

표현사전:
마음대로 되었을 때

긍정적인 기분을 표현할 때도 마찬가지입니다. "너무 좋아." 하나로 다 표현해버리면, 스스로 무엇이 좋아서 그랬는지 알 수 없습니다. 나 자신에 대해서도 무뎌지는 것이죠. 때로는 내 기분을 표현하는 것이 아니라 상대방 기분에 공감해줄 때도 긍정적인 표현은 필요합니다.

보기만 해도 즐거워지는 긍정적인 감정들도 굉장히 많습니다. "좋아."를 다른 표현으로 바꿔보는 연습을 합니다.

시험이 끝났습니다. 무려 1년 동안 준비한 시험이었고, 이 시험을 위해서 잠도 줄이고, 하고 싶은 것도 참고, 친구들도 만나지 못하고, 나 이렇게 살아도 되나 싶을 정도로 관리도 안 하고 살았습니다.

그렇게 나 자신을 내려놓고 1년간 공부했고, 드디어 오늘 시험을 봤습니다. 결과에 상관없이 더는 공부하지 않아도 된다고 생각하니 너무 "좋습니다."

좋다 대신
홀가분하다, 설렌다

시험을 마친 이 사람의 "좋은" 기분을 짐작해봅니다. 저라면 "홀가분해." 하고 말할 것 같습니다. 혹은 "시원하다." 말할 것 같습니다. "긴장이 다 풀리네." 할 수도 있죠.

이제 공부는 끝났으니 다른 것을 할 의욕에 "가슴이 벅차"기도 할 것 같습니다. 앞으로 나를 꾸미고, 친구들도 만나고, 여행도 할 생각에 "설레는" 마음이 생길 수도 있겠고요.

자기 자신을 위한 표현을 충분히 늘려나가다 보면, 다른 사람에게 공감하는 표현력도 자연스럽게 늘어갈 것입니다.

"시험 끝났어? 잘됐다, 기분이 날아가겠네." 하는 식으로 말이죠.

감격한 · 마음이 넓어지는 · 용기를 얻은 · 감동한 · 마음이 놓이는 · 유쾌한 · 감사하는 · 마음이 열리는 · 의기양양한 · 감탄한 · 만족스러운 · 자신만만한 · 고마운 · 자신에 찬 · 근사한 · 고무된 · 멋진 · 자유로운 · 관심이 가는 · 명랑한 · 기운나는 · 기대되는 · 반가운 · 즐거운 · 들뜨는 · 사랑스러운 · 짜릿한 · 기쁨에 겨운 · 상냥한 · 차분한 · 기꺼운 · 상쾌한 · 찬란한 · 기쁨에 넘치는 · 생기가 도는 · 애정이 생기는 · 축복받은 · 긴장이 풀리는 · 숨이 멎을 듯한 · 충만감이 드는 · 침착한 · 믿음이 생기는 · 친근한 · 낙관적인 · 홀가분한 · 안정되는 · 쾌활한 · 놀라운 · 영광스러운 ·

편안한 · 날아갈 듯한 · 열렬한 · 평온한 · 더할 나위 없
이 · 행복한 · 열정이 넘치는 · 득의양양한 · 안심되는 ·
황홀한 · 영감을 받은 · 환희에 찬 · 활발한 · 열광적
인 · 활기찬 · 흥미로운 · 희열에 넘치는 · 뿌듯한 · 속
이 뻥 뚫리는 · 배려 있는 · 따뜻한 · 속이 깊은 · 다정
한 · 보기 좋은 · 설레는 · 열의에 찬 · 인상 깊은 · 확
신이 넘치는 · 아름다운 · 시원섭섭한 · 마음 씀씀이가
좋은 · 배울 만한 · 존경스러운 · 안도감이 드는 · 기운
을 얻어가는 · 망설임이 없는 · 호기로운 · 정이 가는 ·
마음이 넉넉한 · 너그러운 · 여유만만한 · 행복해 보이
는

06

마음대로 되지 않을 수 있다. 그대로 인정하자

'마음대로 말하기'가 어려운 이유는 우리가 감정을 표현하는 데에 매우 서툴기 때문입니다. 우리나라에서는 어릴 때부터 "내색하지 말아라."라는 말을 많이 듣곤 합니다. 칭찬받고 싶은 어린이를 한번 상상해봅니다.

태권도나 피아노 대회에 나가서 상을 받았습니다. 그것도 1등을요. 아이는 신이 나서 부모에게 자랑합니다. 그러면 어떤 말을 듣게 될까요? 칭찬만 하기보다 "너무 티 내지 마. 2등 한 애 속상해해. 꼴등 한 애 속상해하니까 가만히 있어."라는 말을 종종 들었습니다.

또 다른 상황입니다. 아이가 아끼던 장난감을 집에 놀러 온 사촌 동생이 갖고 싶어 한다는 이유로 주었습니다. 그래서 아이는 너무 속상한 마음에 우울해하고 의기소침해졌어요. 이를 본 부모는 아이에게 이렇게 말합니다. "동생한테 양보해야지. 속상한 티 내지 마." "다 같이 기분 좋게 있어야지." 너무 좋아하면 좋은 티 내지 말라 그러고, 기분이 나빠져서 조용히 있으면 너 혼자 왜 그러느냐며 싫은 감정을 티 내지 말라고 합니다. 이렇듯 우리는 감정 표현에 대해 배울 기회를 많이 놓쳤을 것입니다.

저도 어렸을 때 마음대로 되지 않아 짜증내거나 기분이 좋아 발을 동동 구르면 "참아." "하지 마."라는 말을 자주 들었습니다. 감정을 제대로 표현하는 방법을 배우기보다 어디서 누구를 만나든 참는 법을 배웠죠.

우리는 어려서부터 표현하는 법을 잘 배우지 못했기 때문에 어른이 되어서도 힘들게 살고 있는지 모릅니다. 표현을 하지 않으니 내 감정을 잘 모르겠고, 내 감정을 모르니까 상대방의 감정도 잘 모르겠고, 그러다 보니까 원활한 소통을 기대할 수가 없죠.

연습을 통해 구체적인 감정을 알아냈다고 하더라도 서툴기 때문에 표현이 엇나간다고 했습니다. 그래서 우리는 감정을 그 자체로 단순히 인정하는 과정이 필요합니다. 자꾸만 감정을 부정하고 싶고 회피하고 싶은 마음이 내 마음대로 말하는 것을 가로막습니다. 앞서 보여드렸던 내 마음대로 되지 않을 때의 감정들을 있는 그대로 인정해야 합니다. 참으라고 강요받았던 부정적인 감정이 실제로 나쁜 것이 아니거든요.

불편한 마음을
더 나은 방향으로 만드는 생각

예를 들어, 갑갑한 느낌이 들었다고 해봅시다. 이 감정으로 인해 불편한 마음이 들지만 '어떻게 해야 내가 여기서 벗어날 수 있을까?' 하며 발전적인 생각을 하도록 만드는 경우가 있습니다. 그리고 이것이 상황을 개선시키는 원동력이 됩니다. 고정관념처럼 나쁘게만 보였던 이 감정은 실질적으로 나를 나아지게 만드는 좋은 감정이었던 거죠. 그런데 갑갑한 마음이 든다고 '나는 왜 이러고 사는 거야? 나는 도대체 언제까지 이렇게 살아야 되지?' 하면서 자신의 감정을 제대로 보지 않고 자기 자신을 학대하기만 한다면 나쁜 굴레에 빠져 그 감정에서 벗어날 수 없게 됩니다.

또 다른 예로 마음대로 되었을 때의 감정인 감격한 기분에 대해 말해볼까요? 다른 부서 사람들과 경쟁하던 중에 내가 작성한 기획안이 최종적으로 통과되어 감격했습니다. 이는 긍정적인 감정이죠. 이 좋은 감정을 있는 그대로 느끼고 기억하면 감정을 인정하는 바람직한 예가 될 수 있겠지만, 감격에 취해 이 감정을 못 이긴 채로 밤새 술을 마시고 으스대다가 다음 날 회사에서 하루 종일 고생한다면 이를 부정적인 영향을 준 감정으로 봐야 합니다.

그래서 우리는 감정을 그냥 그 감정 그대로 인정해야 합니다. 내가 지금 기운이 없구나, 내가 지금 용기를 잃었구나, 내가 지금 회의적이구나 등 이런 감정들을 그냥 인정해주는 것이 너무 중요합니다. 그리고 여기서 끝내야 합니다. 이 이상으로 더 깊게 빠져들지 않도록 주의해야 합니다. 그래야 말로 감정을 표현할 때, 상대가 나의 의도와 다르게 오해하는 일이 없습니다.

07
상대방은 내게
'뭔가' 원하는 것이 있다

    리액션의 핵심은 공감입니다. 이 사람이 나에게 공감해준다고 느끼는 건 언제일까요? 바로 상대방이 내 감정을 정확히 짚어줄 때입니다. 그렇다면 상대방이 나와 대화하면서 "이 사람이 내게 공감해주는구나." 느낄 때는 언제일까요? 똑같습니다. 내가 상대방 감정을 정확히 짚어줄 때입니다.

    상대방에게 뭔가 좋은 일이 있었다고 합시다. 그런데 내가 거기에 하는 리액션이 "좋겠다."에 그치면, 상대방은 자기 이야기가 재미없었겠다고 느낄 수 있겠죠. 그러니 그렇게 무미건조한 반응을 보인다고요. 리액션의 핵심은 공감이지만 공감만 하고 끝낸다면 말하기가 아니죠. 리액션은 '생각의 매뉴얼'의 확장입니다. 내 기분을 나 스스로 공감하고 표현하던 것을 상대방에게까지 확장하는 겁니다.

상대방에게 나쁜 일이 있었다고 합시다. 상대방의 그 장황한 얘기를 듣고 "기분 나빴겠다."라고 공감하기만 해도 나쁘지 않겠지만, 어딘지 허전합니다. 누군가 나에게 와서 감정 표현을 한다는 것은 그 사람이 나와 대화하면서 얻고자 하는 것이 있다는 뜻입니다. 저는 이걸 '요청'한다고 칭합니다.

이 사람이
왜 나에게 이 얘기를 할까?

상대방이 내게 와서 막 짜증을 내기 시작합니다. 불만을 토로합니다. 그때 "왜 저래." 하고 넘어가면 안 됩니다. 그건 무관심이에요. 관심과 관찰이 커뮤니케이션에서 매우 중요한 요소입니다. 상대방과 좋은 관계를 이어가야 하나요? 이 대화를 잘 마무리하고 싶은가요? 그렇다면 이제 시스템을 재빠르게 바꿔야 합니다. "왜 이 얘기를 할까? 뭘 원하는 걸까?" 궁금해해야 합니다. 상대방은 대화를 통해 나에게 '요청'할 것이 있다는 것을 꼭 명심하세요.

이때 꺼내봐야 하는 것이 앞서 소개한 감정 풍선입니다. 공감, 해야 하겠죠. 이 사람이 뭘 원하는지 더 잘 파악하려면요. 상대방이 말하는 것이 남에 대한 불만일 수도 있고, 나에 대한 불만일 수도 있습니다. 화가 난 상태 같나요, 속상해하는 것 같나요, 억울해하는 것 같나요? 말을 잘 꺼내보지 않았던 분은 도무지 무슨 말부터 꺼내야 할지 모릅니다. 감정 풍선을 열심히 연습한 사람이면, 몇 가지 단어가 머릿속을 빠르게 스칠 겁니다. 더 노력한 분들은 자신들이 찾은 단어도 더 추가했겠고요. 저라면 우선 "마음 많이 상했겠어요." 할 것 같습니다. 어떤 상황이든 어떤 부분에서든 마음이 상했기에 화도 나고 속상하기도 했을 것이니까요.

'감정'을 알아주고, 상대방의 '요청'을 알아차려주세요. 리액션의 두 가지 기둥입니다.

08

리액션의 매뉴얼:
화를 잘 내는 법

우리는 서로 불편해질까 봐 감정을 드러내지 않는 경우가 많습니다. 공적인 일을 할 때는 아예 감정을 표현하면 안 된다고 말하는 분들도 많죠. 그런데 과연 그럴까요? 물론 사사건건 모든 사소한 일에 감정을 드러내는 것은 바람직하지 않을 수 있습니다. 하지만 때로는 감정을 있는 그대로 표현해도 괜찮을 수 있습니다. 바로, 마음대로 '잘' 말하면 가능합니다.

인간관계에서 성과가 있으려면 업무 실적과는 상관없이 관계 그 자체가 좋아야 합니다. 여러 공정이 로봇으로 대체되며 자동화된다 하더라도 모든 일을 기계와만 하지 않습니다. 여러 단계에서 사람의 손을 거쳐야 합니다. 그러니 사람과 사람 사이에서 감정을 제외한다는 것은 말이 안 됩니다. 인간은 감정의 동물니까요. 그래서 감정을 빼고는 인간을 말할 수 없고, 관계가 만들어지지 않습니다. 그러므로 우리는 내 앞에 있는 사람에게 나의 감정을 잘 말해야 합니다.

감정을 상대에게 말하기 전 유의해야 할 것이 있습니다. 화, 분노, 심술, 짜증처럼 사람을 향해 부정적인 모습을 표출하는 감정을 주의해야 합니다. 앞서 보통 화가 나면 상대방을 비난하고 싶고 강요하고 싶어진다고 언급했습니다.

'화'라는 건 그 기저에 화의 근본이 되는 감정이 깔려 있을 가능성이 큽니다. 그러니까 상대의 행동에 바로 화가 나는 것이 아니라 내가 민망해서 혹은 미안해서 아니면 섭섭하거나 두려워서 화가 났을수가 있습니다.

여러분이 부모님과 함께 사는데 연락도 없이 집에 안 들어갔다고 합시다. 그럼 어떻게 될까요? 늦은 밤이 되니 부모님께서 아직 안 들어온 자식이 걱정되겠죠. 그러다 연락도 안 되고 자정이 넘어가면 걱정이 불안함으로, 불안함이 공포로까지 걷잡을 수 없게 커질 겁니다. 그때 당신이 집에 들어왔습니다. 아마도 부모님은 당신에게 엄청 화를 내며 잔소리하겠죠. 이때의 감정은 단순히 상대를 비난하기 위해 화를 냈다기보다 그전에 깔려 있던 걱정, 불안함이 다른 형태로 표현된 것이라고 보면 됩니다. 그러니 지금 내가 화가 났다면 그 밑에 어떤 감정이 숨어 있는지 생각해보는 편이 좋습니다.

마음대로 말하기

말려들지 말고
우선 탐색하기

누구나 화를 낼 수 있습니다. 감정이 생기는 원인은 다양합니다. 앞선 예시에서 화를 내는 이유는 연락도 없이 집에 늦게 들어온 일 때문이었습니다. 원인이 명확하죠. 그래서 이렇게 이유를 찾고 나면 구체적인 감정을 탐색하면 됩니다. 그리고 내가 걱정돼서 화가 났다는 것을 알아차리고 담담하게 인정하는 일이 중요합니다.

"너 왜 이렇게 늦었어? 엄마가 몇 번이나 전화했는데 핸드폰은 왜 안 봐? 자꾸 이렇게 늦을 거야? 엄마 무시하는 거야?" 연락도 없이 자정 지나 들어온 아이에게 순순히 지금 들어왔냐고 들어가 쉬라고 부드럽게 말하는 부모는 없을 겁니다. 보통 화가 머리끝까지 나서 비난과 꾸중의 말을 하게 되겠죠.

감정을 잘 말해야 합니다. 화가 났습니다. 그러면 이 감정을 표현해야 합니다. 이는 무작정 화를 내라는 얘기가 아닙니다. 비난과 꾸중으로 표현할 것이 아니라 화가 났다고 잘 알리라는 의미입니다. 생각의 매뉴얼대로 화가 난 부모의 마음을 살펴볼까요. 부모의 기분은 나쁘고, 아마도 원하는 것은 '늦을 땐 아이가 연락을 해줄 것과 기왕이면 일찍 집에 돌아올 것'이겠지요. 그리고 아이가 부모에게 잘못했다고 사과하는 일까지요. 덧붙여 걱정되어 불안했다는 구체적인 감정이 떠오를 것입니다.

그렇다면 여기서 엄마가 아이에게 어떻게 말하면 좋을까요? 아이를 보자마자 버럭 화를 낼 것이 아니라 연락도 없이 늦어서 엄마는 너무 걱정되어 불안했다고 설명해주면 됩니다. 감정과 왜 그런 감정이 들었는지 그 이유를 그 무엇보다 먼저 말하는 것이 잘 말하는 방법의 첫걸음입니다. 그리고 나서 우리는 요청을 시작하는 거죠.

마음대로 말하기

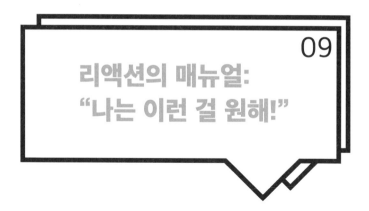

09

리액션의 매뉴얼:
"나는 이런 걸 원해!"

산후우울증으로 고생하던 분의 이야기입니다.

아이가 태어나고 신경 쓰이는 고민이 생겼다고 합니다. 시어머니께서 아이의 모습을 보고 싶어서 매일같이, 시도 때도 없이 영상 통화를 걸어온다는 것이었습니다. 당신이 보고 싶으니 밤낮 없이 전화를 걸어 이분이 무엇을 하고 있든, 애가 어떤 상태이든 상관없이 보여달라고 하셨답니다.

애가 자는 중이라 해도 보여달라 하고, 식사 중이라 해도 보여달라 하고, 하물며 수유 중이라고 해도 보여달라 하셨다 합니다. 결국 이분은 너무 스트레스를 받아 벨소리만 들려도 핸드폰을 집어던지면서 화를 내는 지경에 이르렀습니다. 저는 힘들면 어머니께 그만두시라 말씀드리라고 조언했습니다.

"어머니, 늦은 밤이나 바쁠 때마다 전화가 오니까 제가 너무 스트레스를 받아 힘들어요. 기왕이면 시간대를 정해서 전화 주시면 안 될까요?"라고요. 그랬더니 그분은 이렇게 말했습니다.

"어떻게 시어머니한테 힘들다고 전화하지 말란 소리를 해요. 누가 그렇게 말을 해요? 그건 싸우자는 말이잖아요." 하며 자기는 절대 못 한다고 그러더군요.

사람들은 감정을 말하라고 하면 화를 내거나 신경질을 내라는 얘기로 착각하곤 합니다. 그러나 그게 아닙니다. 감정을 말할 때는 언성을 높이지 않고 내가 느끼는 불편한 감정의 이유를 꼭 덧붙여서 해야 합니다. 화를 내는 것과 감정 말하기의 차이가 여기에 있습니다. 그리고 이후에 마음속에 담아두었던 원하는 바를 요청하는 거죠.

물론 이렇게 말하는 방식은 굉장히 어렵습니다. 감정적으로 요동치는 상태에서 이성적으로 말하는 것이라 더욱 힘듭니다. 그리고 상대방의 반응이 두려워 섣불리 입이 떨어지지 않습니다.

사람은 모두 다르다. 그러니 안 통하는 것이 당연하다.

그럴 때 이 말을 기억합니다. 우리는 모두 다릅니다. 그러니 부정적인 반응이 와도 단지 통하지 않았을 뿐임을 알면 됩니다.

불편한 티를 내서
사이가 틀어지면 어떡하나요?

제가 진행하는 코칭을 들으러 온 한 제조회사의 대표께서 토로한 고민입니다. 그분에게는 자신이 항상 을의 입장인 거래처가 있습니다. 거래처 대표가 자신의 회사에 발주를 주는데 그쪽에서 자꾸만 당일 취소해서 일정을 꼬이게 만든다고 합니다. 이걸 어떻게 풀어야 할지 모르겠다며 끙끙거리셨죠. 저는 이번에도 거래처 대표께 당일 취소하지 말라고 요청을 하라 조언드렸습니다. 역시나 그걸 말하는 것이 자기한테는 너무 어려운 일이라는 답변을 들었습니다.

그 대표께서는 거래처에 화를 내라는 말로 받아들였던 것 같아요. 그래서 저는 취소를 당할 때 느낀 기분이 어떠했는지 여쭤봤습니다. 너무 답답하고 너무 짜증이 나고 나를 무시한다는 감정이 들었다고 합니다. 여기서 무시라는 것은 감정이 아니라 자신의 판단입니다.

무시하는 느낌이 들 때 궁극적으로 느낀 기분을 다시 물어 대표분이 진짜로 느낀 구체적인 감정을 찾아냈습니다. 바로 '언짢다'였죠. 그리고 이 감정의 이유를 풀어 요청까지 말하는 길을 알려드렸습니다.

"대표님, 저희 쪽에 한 발주가 자주 당일 취소가 돼서 업무에 차질이 좀 있습니다. 그래서 제가 기분이 좀 많이 언짢았어요. 다음부터는 이런 일이 있을 것 같으면, 미리 언질을 주시거나 취소보다 배송

일정을 조정해주시면 좋겠습니다."라고요. 처음에는 거래처에 어떻게 화를 내느냐고 했던 대표님도 이 요청 정도면 자신이 직접 거래처에 말해볼 수 있을 것 같다셨죠.

누군가에게 자신의 기분과 요청을 말하는 것이 두려운 마음을 충분히 이해합니다. 그런데 잘 생각해보면 이 세상에 감정을 말하지 못할 사이는 없습니다. 말하지 못해 억울한 사이가 된 경우는 많지만요. 정말 흔한 상황이 하나 있습니다. 참다 참다가 결국 토해내듯 말했더니, "아 그랬어? 진작 말하지 그랬어. 난 몰랐잖아." 하는 경우요. 그리고 말하고 나니 마음속에 꽉 막힌 듯 맺혀 있던 것이 해소가 되는 기분을 느끼진 않았나요? 많은 경우에 말했다는 것 자체가 가장 큰 해결책이 되기도 합니다. 제가 예를 든 거래처의 대표는 상대방이 아무 말 없이 다 받아주니까 정말로 괜찮은 줄 알고 별생각 없이 계속 당일 취소를 했을 수도 있습니다. 나의 상식과 너의 상식이 다른 경우가 세상에는 많습니다. 그러니 상대방의 행동으로 인하여 내 기분이 나빠진다면, 나를 그런 식으로 대우하지 않았으면 좋겠다고 말해보는 것도 좋습니다.

마음대로 말하기

10

기분 나쁘지 않게
요청하는 법

앞서 우리는 요청하기를 종종 두려워한다고 했습니다. 상대방이 불쾌해하거나 상대방에게 거절당할 것이란 생각에 의기소침해지는 거죠. 원하는 바를 이루기 위해 요청할 때, 상대방을 기분 나쁘지 않게 만드는 요청의 네 가지 조건이 있습니다.

저는 처음부터 긍정의 힘을 강조했습니다. 가는 말이 고우면 오는 말이 곱다고 말에 좋은 뉘앙스가 가득 담기면 상대방도 쉽게 부정의 말을 못합니다. 예를 들어, 여러분이 친한 친구와 같이 사는 중이라고 생각해봅시다. 한 명이 요리하면 다른 한 명이 설거지하기로 규칙을 정했습니다. 그런데 내가 요리하는 날, 친구의 설거지 습관을 보니 너무 마음에 들지 않는 겁니다. 싱크대 주위를 물바다로 만들고

뒷정리를 하지 않습니다. 이럴 때 어떻게 말하는 것이 좋을까요? "이렇게 설거지하면 안 돼. 행주로 다 닦아줘." 이렇게 말하겠지요. 그대로 "알겠다."라며 답하는 사람들도 많을 테지만, "왜 안 돼?"하며 거부의 반응을 보이는 청개구리형 사람들도 많을 수 있습니다.

긍정형으로 말하면 어떨까요? "싱크대 주위에 물이 흥건하면 곰팡이가 생겨. 앞으로 설거지하고 나면 행주로 닦아주면 좋을 거 같아." 이 요청을 듣는 거의 모든 사람은 긍정의 답을 하게 될 겁니다. 가는 말이 고우니 답도 곱게 돌아오는 거죠.

요청은 구체적이어야 합니다. '우리에게는 모두 자신만의 필터가 있다'에서 예시로 친구의 빨래 일화를 말씀드렸습니다. 남편은 나와 다른 사람이라 서로의 방식이 다르기 때문에 무언가를 요청할 때는 이해하기 쉽게 구체적인 내용이 필요하다는 것이었죠. 간단하게 "빨래 돌려놔."가 아닌 "빨래 다 돌리면 꺼내서 탈탈 두 번 털어 건조대에 잘 널어줘."까지를 말이죠.

저는 소통을 어렵게 하는 문제점의 원인으로 '이거' '저거' '그거'의 지시대명사를 종종 꼽습니다. 잘 통하는 사람과는 아무 문제가 없지만 대부분 사람과는 지시대명사로 소통이 어렵습니다.

그런데도 많은 사람이 "이거 해." "저거 해." "그거 알잖아?" 하면서 디테일한 설명 없이 요청합니다. 특히 높은 자리에 있는 경우 아래 직원에게 많이 사용하죠. 불친절한 요청을 해놓고 오히려 못 알아듣는다며 답답해하고요. 그러니 무언가를 요청할 때는 최대한 자세하게 말하는 편이 바람직합니다. 그래야 서로 오해 없는 소통이 가능하기 때문입니다.

구체적으로, 가능한 것으로
요청형으로, 거절의 답도 예상하기

"하늘에 떠 있는 별 따다 줄래?" 이런 허무맹랑한 요청은 상대를 당황하게 하거나 이루지 못할 약속을 받아내게 만듭니다. 상대에게 진짜 원하는 것이 있다면 되도록 실현 가능한 것을 요청해야 합니다.

하루에 담배를 두 갑씩, 그것도 10년 넘게 피우던 사람한테 갑자기 "내일부터 담배 끊어."라고 요청합니다. 과연 이 요청은 실현 가능할까요? 당사자가 큰 병에 걸려 위독하더라도 안 될 가능성이 큽니다. 아니면 매일 10분씩 지각하는 직원한테 "너 앞으로 지각하면 안 되니까 한 시간 일찍 와." 말한다고 이 요청은 실현 가능할까요? 아니죠. 억지 부린다며 오히려 반감만 사겠죠. 그러니 상대가 할 수 있는 역량 범위 내에서 요청해야 합니다. 그래야 요청받는 당사자도 수긍하며 이를 들어주려는 마음이 생깁니다.

명령과 요청은 다른데 이를 헷갈려하는 분들이 많습니다.

"너 이거 해."는 명령입니다. 하지만 "이렇게 해줄래?" 혹은 "이렇게 해줄 수 있을까?"는 요청의 말입니다.

그리고 여기서 한 가지 더 짚고 넘어가야 할 것이 있습니다. "이렇게 해줄 수 있을까?"라고 했을 때, 상대방이 "아니."하고 거절의 답을 했습니다. 그런데 그 말을 듣는 순간, 여러분이 어금니를 꽉 깨물면서 '내가 지금까지 얘한테 얼마나 잘했는데 내 말을 안 들어?'라는 생각이 든다면 이것은 요청의 탈을 쓴 강요입니다. 이 세상 모든 사람은 나에게 '아니'라고 말 할 수 있는 존재라는 것을 인정하고 강요가 아닌 진정한 요청을 해야 합니다.

바람직한 요청의 네 가지 조건을 모두 말씀드렸습니다. 이 조건들을 다 넣어 요청하면 좋지만, 아직 익숙하지 않아 어렵다면 요청하는 표현으로 말하는 연습부터 해보시길 추천합니다.

마음대로 말하기

리액션할 때는
원하는 것에 집중하자

11

미국 제32대 대통령 프랭클린 루스벨트의 아내인 애나 엘리너 루스벨트Anna Eleanor Roosevelts 여사는 열등감에 대해 "당신의 동의 없이는 아무도 당신에게 열등감을 느끼게 할 수 없다Nobody can make you feel inferior without your consent."라고 했습니다. 상대가 무엇을 하든지 감정을 느끼는 자기 자신이 열등감을 허락하지 않으면 그 누구도 마음에 영향을 줄 수 없다는 뜻이죠. 부유한 상류층 집안의 딸로 태어나 영부인이 되었던 루스벨트 여사도 누군가에게 열등감을 느꼈습니다. 그렇지만 이런 마음은 본인의 마음가짐에 달려 있음을 깨닫고 벗어나기 위해 노력했죠.

그래서 우리는 내가 나를 어떻게 대해야 하는지, 내 감정을 어떻게 인정해야 하는지, 원하는 것이 무엇이었는지를 이해해야 합니다. 그러면 내가 상대방에게 어떤 말을 할 수 있을지 선택할 수 있게 되고요.

저는 외부 강의를 많이 다닙니다. 그러면서 다양한 현장에서 강의를 주관하는 스태프들을 만납니다. 어떤 곳은 저를 친절히 맞이하며 제 편의를 위해 하나부터 열까지 챙기고, 어떤 곳은 다소 경직된 분위기로 간단히 안내만 해주기도 합니다. 또 다른 곳에서는 노트북이나 마이크가 작동되지 않거나 뭔가 부탁할 때 냉랭한 반응이 돌아오기도 해 괜히 무안해지며 주눅이 듭니다. 저도 처음 방문한 곳이라 잘 모르는 것이 당연한데 마치 그걸 왜 모르느냐는 듯한 반응이 돌아오면 긴장이 되며 기분이 나빠지죠. 속으로는 '너무 무안한데 좀 친절하게 대해주지.' 하고 생각하지만 이를 있는 그대로 표현하지 않습니다.

이전에 참지 말라고 했으면서 왜 기분을 말하지 않느냐는 의문이 드실 겁니다. 이는 참는 것이 아니라 선택하는 겁니다. 일단 내 감정을 인정했다면 이를 말을 하느냐, 마느냐 선택하는 거죠.

감정은 빼고 내 상황과 원하는 것만 담백하게

다시 돌아와서, 낯선 강의 현장에서 퉁명스러운 응대에 저는 무척

마음대로 말하기

무안하고 멋쩍어졌습니다. "지금 제가 굉장히 무안하네요. 친절하게 대해주세요." 하고 스태프에게 직접적으로 말할 수 있습니다. 그러나 전 군이 무안하다는 감정을 말하지 않았습니다. 대신 내가 무엇을 원하는지에 집중했죠. '강의를 편안한 분위기에서 잘하고 싶다'가 원하는 것이었기 때문에 저는 스태프에게 이렇게 말했습니다. "오늘 여기가 처음이라 조금 낯설고 어색해요. 좀 도와주시면 제가 강의를 더 잘할 수 있을 것 같아요." 그랬더니 그 스태프가 그때부터 물도 가져다주고, 노트북 연결도 도와주고, 뭐 더 필요한 것이 있으면 알려달라고도 했습니다. 본인도 자신의 응대가 어떤지 몰랐던 거죠.

저는 멀미가 심해서 다른 사람이 운전하는 차를 잘 타지 못해 이러나 저러나 어디든 직접 제 차를 운전해서 다닙니다. 그러니 저에게는 주차가 늘 중요한 문제입니다. 그래서 주차장에 관리인이 있다면 늘 저는 '을'입니다. 방문할 때마다 꼬박꼬박 인사도 잘 하고 음료나 과자 등 뭐라도 있으면 드립니다. 그러다 보면 처음에는 퉁명스럽게 대하며 뜨뜻미지근하게 저를 보던 분도 어느새 먼저 인사해주시고 자리를 찾을 때 제 차를 먼저 살펴주시는 일도 생깁니다. 만약 주차 관리하는 분이 너무 불친절해서 기분 나쁘다며 저 또한 싫은 감정을 표현했다면 이러한 친절한 리액션은 없었을 것입니다. 저는 원활한 주차 공간 확보와 원만한 관계를 원했기 때문에 부딪히기보다 감정을 다르게 표현한 거였죠.

우리는 이전에 화가 났을 때 잘 표현하는 방법을 배웠습니다. 그리고 이번에는 화가 나더라도 원하는 바에 초점을 맞춰 다르게 표현하는 방법을 알았습니다. 둘 다 잘하려면 감정을 인정하는 것이 첫 번째, 내가 원하는 것이 무엇인지 정확하게 알고 이를 달라고 하는 표현이 두 번째입니다. 이 과정 모두가 요청이고 소통입니다. 그리고 나의 마음입니다.

내 진짜 마음은 강의를 잘하고 싶다는 바람이었고, 주차를 편안하게 하고 싶다는 것이었죠. 내가 진짜로 원하는 것은 바로 이 지점임을 깨달아야 합니다.

─────── 진짜 마음이 '말하기'의 시작이다 ───────

∘ 내 감정과 행동에는 나도 모르는 진심이 숨어 있기도
  하다.
∘ 대화에서 반사적으로 받아치는 습관은 이제 버리자.
∘ '좋다' '나쁘다' 하지 말고 구체적으로 표현해본다.
∘ 마음대로 되지 않을 때도 있다. 그럴 수 있다고 인정
  하고 받아들인다.
∘ 왜 내게 이런 이야기를 하는지 모르겠다면, 상대방이
  내게 '뭔가' 바란다는 뜻이다.
∘ 화를 잘 내야 관계가 건강해진다.
∘ 불편해도 원하는 것을 표현할 줄 알아야 내가 존중받
  는다.

PART 4.
마음대로
말하기

"행복해."라고
말하는
자신의 표정이
어떤가요?

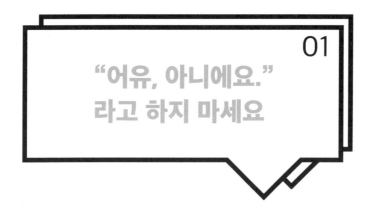

01

"어유, 아니에요."
라고 하지 마세요

누군가에게 칭찬을 받을 때 보통 어떻게 대답하시나요? 상대방이 건넨 칭찬의 말에 반응하는 나의 리액션에 대하여 이야기하고자 합니다. 여러분이 "참 잘생기셨어요." "너무 아름다우세요." 같은 칭찬을 듣는다면 어떤 말을 맨 먼저 하게 될까요? 제가 칭찬의 대답으로 가장 많이 들은 말은 "어유, 아니에요."였습니다. 옷이 멋지다는 칭찬에도, 성격이 좋다는 칭찬에도 가장 많은 반응은 "아니에요."였죠.

우리는 말을 시작할 때 무의식적으로 부정어를 많이 사용합니다. 특히 '아니' '근데' 같은 말을 말이죠. 상대의 말에 반대하기 위한 목적으로 사용하기도 하지만 칭찬을 듣고는 쑥스러워서 혹은 낯간지러워서 사용하기도 합니다. 다시 말해, 내 마음대로 말하는 것이 아니라는 뜻이죠.

"성격이 너무 좋으세요."라는 칭찬을 들었을 때, "아니에요."라고 대답하지만 실제 우리의 속마음은 어떨까요? '난 성격이 진짜 좋지 않은데 착각하지 않도록 부정해야겠어'일까요? 아니면 '역시 나의 진가를 알아보는구나. 기분이 너무 좋아!'일까요? 직접적인 칭찬이 익숙하지 않아 민망하겠지만, 대체로 기분이 좋아집니다. 입은 부정하지만 마음은 긍정하고 있죠. 물론, 예의를 차리기 위한 겸손의 말을 한 거라 주장하는 분도 있을 겁니다. 혹여라도 교만해 보일까 봐 자신을 낮추려 합니다. 그러나 자기 자신이 스스로 "난 성격이 진짜 좋아." 말하는 것과 남이 칭찬하는 것은 엄연히 다릅니다.

내가 나를 잘 대접해줘야
돌을 던지지 않는다

깨진 유리창의 법칙이 있습니다. 보통 강력 범죄가 늘어날 때 빗대어 사용하지만, 저는 마음에 대한 예시로 설명하겠습니다. 멀쩡한 건물 같아도 깨진 유리창이 보이면 사람들은 지나가면서 한 번씩 깨진 곳을 치거나 돌을 던져 맞추기 시작합니다. 그래서 조금 깨졌던 것이 나중에는 점점 커지고 다른 유리창까지 깨져 아예 건물이 망가진다는 법칙입니다. 작은 것을 방치했더니 결국 큰 문제가 되었다는 말이지요. 이를 마음으로 비유하면, 깨진 유리창을 보수하고 잘 관리하는 일은 자기 존중과 마찬가지입니다. 자기의 감정을 인정해주는 것이 자기 존중의 첫걸음인데 이것을 처음부터 부정하면 점차 자신이 망가진다는 말이죠. 보통 사람은 상대방이 스스로를 어떻게 대하는지 보고 배워서 대합니다. 그러니까 나 자신을 가치 있고 귀한 사람이라 여기며 행동하면 내 앞의 타인도 나를 그렇게 대한다는 의미입니다. 그런데 내가 나를 낮추고 소극적으로 대하면 상대도 나를 점점 무시하기 시작하겠죠. 깨진 유리창의 법칙처럼요. 저한테 이 설명을 들은 몇몇 분들은 이 법칙이 굉장히 아픈 이야기라고 하더군요. 남이 나를 잘 대접해주지 않아 섭섭한 마음이 가득했는데, 알고 보니 내가 나를 소홀히 대했음을 깨달았기 때문이라고 했습니다.

칭찬을 들었을 때 우리가 느끼는 기분은 '좋다!'입니다. 그리고 나에 대해 좋게 봐주고 표현해주는 것에 대해 고마움을 느낍니다. 그러니까 좋은 말을 들으면 "고맙습니다." 답하며 칭찬을 있는 그대로 넙죽 받으면 됩니다. 이것이 자기 존중이자 내 마음대로 말하는 법이거든요. 아니면 느끼는 감정 그대로를 말하면 됩니다. "부끄러워요." "민망하네요." 말하는 거죠.

상대방이 한 그 나름의 감정 표현이 바로 칭찬입니다. 여기서 메타인지 능력이 발휘됩니다. 이 말에서 내가 상대방에 대해 무엇을 아는지 가늠해보는 것입니다. "상대방이 내게 액션을 했다." 이는 상대방이 나에게 원하는 것이 있다는 뜻입니다. 나와 친하게 지내고 싶거나 대화를 하고 싶다는 감정 표현인 거죠. 그래서 부정으로 답하기보다 고마움을 표현하고 이에 맞추어 대화를 이어 나가는 것이 앞으로 관계를 만들어가는 데 좋은 밑거름이 됩니다. 여기에 한 가지 팁이 더 있습니다. 칭찬을 받고 보답으로 상대방을 칭찬할 때는 외적인 것을 나열하듯 칭찬하기보다 상대방이 무언가를 이루기 위해 한 노력에 초점을 맞춰 칭찬해보세요.

자신을 관심 있게 봐주었다는 생각에 관계는 더 부드러워질 것입니다.

마음대로
말하기

❶ "참 잘생기셨어요."

아이고, 아닙니다.

→ 그렇게 생각해주셔서 고맙습니다.

❷ "옷이 너무 예뻐요."

아니에요. 이거 되게 싼 거예요.

→ 고맙습니다. 저도 마음에 들어요.

❸ "성격이 너무 좋으세요."

아니에요, 아니에요.

→ 좋은 분들에게 많이 배웠습니다. 아직 부족합니다.

❹ "피부가 어쩜 그렇게 좋으세요?"

아니에요. 다 화장발이에요. 저 피부 별로 안 좋아요.

→ 그렇게 생각해본 적 없는데, 말씀해주시니 기분이 좋네요.

❺ "되게 자상하시네요. 스윗하시다."

아닙니다. 예전엔 엉망이었습니다.

→ 그렇게 말씀해주셔서 고맙습니다. 배려하려고 많이 노력합니다.

❻ "키가 커서 부러워요. 좋으시겠어요."

아니에요. 저 키 큰 거 완전 콤플렉스예요.

→ 네. 불편한 점도 있지만, 좋은 점도 있더라구요.

02

내 마음은
그게 아니었는데

다양한 상황에서 직간접적으로 들었던 말과 때로는 제가 했던 말을 토대로 내 마음대로 말하지 않았을 때 어떤 일이 일어났는지 이야기해보려 합니다. 앞으로 소개하는 세 가지 에피소드를 통해 생각의 매뉴얼과 리액션의 매뉴얼을 되새겨보았으면 합니다. '기분이 어떻지?' '원하는 게 뭐지?' '어떤 감정을 말하지?' '무엇을 요청하지?'가 말 속에 제대로 포함되어 있는지 말이죠.

예전에 항상 저에게 조언과 응원을 아끼지 않는 고마운 분에게 조금이나마 성의를 표현하기 위해 고심하다가 그분께 알맞은 선물을 준비했습니다. 그리고 약간은 떨리는 마음으로 선물을 드렸죠. 이때 저는 "이거 별거 아닌데요. 한번 사용해보세요."라고 말했습니다. 제가 제 마음대로 말한 것이었을까요? 아니었습니다. 제가 준비한 선물은 별거 아닌 것이 아니라 저한테는 굉장히 중요했습니다. 별거 아니었으면 절대 선물로 고르지 않았을 테고요. 원하던 요청도 아니었습니다.

고마운 분에게 성의 표현으로 선물을 준다는 것은, 결국 내가 고마움을 표현하고 싶다는 의미입니다. 그래서 "이거 별거 아닌데요."라는 말 속에는 내 마음을 제대로 다루지 못하는 미숙한 내가 존재하죠. 이후 내 마음대로 말하는 방법을 깨닫고 나서는 내 기분과 원하는 바를 받아들이고 제대로 된 요청을 하게 되었습니다. "감사한 제 마음은 이 선물보다 훨씬 더 큰데요. 그래도 준비해봤어요. 앞으로도 잘 부탁드립니다."라고 말이죠. 내 감정은 선물의 금액이나 크기로 단정 지을 수 없다는 것과 앞으로도 잘 지내길 바라는 요청까지 포함했습니다. 이건 제 마음의 표현이었기 때문에 여러분은 비슷한 상황에서 다른 말을 할 수도 있습니다. 그렇더라도 별거 아니란 말보다 원하는 바를 현명하게 전달했으면 합니다.

'이렇게'보다
더 잘 말할 수 있어요

친구들과 오랜만에 모임을 했을 때 일입니다. 지방 출장을 다녀온 한 친구가 그 지역 베이커리에서 사온 빵을 같이 먹자고 펼쳐놨어요.

서울에서는 구하기 힘든 유명한 빵이라 다들 기대했죠. 그래서 곁들여 마실 커피를 준비하는데, 다른 친구가 먼저 집어서 먹어버렸답니다. 그랬더니 커피를 준비하던 친구가 "지 혼자 먹는 거 봐. 네 입만 입이고, 내 입은 주둥이냐?"라고 말하는 거예요. 저는 그 말이 참 많이 안타까웠습니다. '이게 정말 최선의 말일까? 말 참 밉게 한다.' 생각하며 제게 표현하는 방식에 대해 한 번 더 고민하는 계기가 되었습니다.

주둥이라는 단어를 꺼내고야 만 그 친구가 원하는 게 뭐였을까요? '내 거는 남겨줘'였을까요? 당시 친구의 기분이 어땠을지 생각해보면, 같이 먹자고 했는데 혼자 먼저 먹는다고 심하게 기분이 불쾌하거나 나쁘진 않았을 것 같아요. 그것보다는 섭섭하고 짜증이 났을 것입니다. 그리고 함께 하거나 자기 몫은 배려받기를 원했을 거고요. 그런데 순간적으로 느낀 감정으로 요청이 없는 핀잔의 말을 먼저 하게 되었습니다. 비난조로 말이죠. 아마도 그 친구의 비난으로 빵을 먹은 친구는 민망함과 모멸감을 느꼈겠지요. 두 사람 관계에 균열을 줄 파장이 담긴 말이었으니까요.

저라면 빵을 먼저 먹은 친구가 얄밉겠지만, "나도 먹고 싶었는데 먼저 먹어서 진짜 섭섭해. 나 갈 때까지 기다려!" 하고 말했을 겁니다. 그러면 그 친구도 미안하단 말을 하며 머쓱해하지만 함부로 먼저 먹지는 않겠죠. 우리는 화가 나면 강요하고 비난하고 판단하고 싶어진다고 했습니다. 그래서 화가 나더라도 상대를 비난하지 않으면서 나의 감정과 요청사항을 잘 전달해야 합니다.

또 다른 이야기입니다. 워킹맘인 지인이 피곤한 몸을 이끌고 집에 들어갔습니다. 야근까지 하며 밖에서 에너지를 다 쓰고 집에 들어갔는데, 온 집안이 어질러져 있는 거예요. 청소년인 두 남매가 소파와 거실 바닥에 과자부스러기와 봉지들을 다 깔아놓은 채로 소파에 누워 핸드폰을 하고 있었죠. 지인은 마음이 그게 아닌데도 말이 이렇게 나갔습니다. "내가 이 집 가정부야? 진짜 너무들 하네!" 여기에 지인이 진짜 하고 싶은 말이 담겨 있을까요? 말에 주제가, 원하는 것이 없었습니다.

그렇다면 이때의 감정은 어떤 것일까요? 너무 피곤한데 집에 들어갔더니 온 집안이 난장판입니다. 그러면 맥이 탁 풀리겠죠. 지치고 허무하고 기분이 나빠졌을 것입니다. 어쩌면 비참한 마음이 들 수도 있었겠지요. 내가 뭐 때문에 이렇게 고생하느냐며 사는 게 지긋지긋하다는 마음이 들 거예요. 이러면서 상대방을 탓하게 되겠죠.

깨끗한 집에서 쉬고 싶다는 마음이 내가 원하는 것이라면, 오늘 일 때문에 너무 피곤하고 지친다는 감정을 말한 뒤에 정리해달라고 요청해야 합니다. 그런데 본인도 피곤하다거나 혹은 이 정도면 깨끗하다며 거절의 반응이 돌아올 수도 있죠, 어떻게 싫다고 할 수 있느냐며 화를 내기보다 다른 방법을 찾아보는 편이 좋습니다.

'왜 나만 상대를 생각하면서 배려해야 하지?' 하면서 불만 섞인 생각이 들기도 할 것입니다.

왜일까요? 바로 내가 상대방에게 원하는 것이 있는 사람이기 때문입니다. 나만 노력하기 억울한 마음이 들 수 있습니다. 그런데 상대방을 위해서가 아니라 나를 위해서 하는 일이라고 생각해야 합니다. 내가 하는 모든 말과 행동은 결국 나를 위한 것임을 알고 표현하면 됩니다.

마음대로 말하기

① 고마운 분에게 성의 표현으로 선물을 주면서

이거 진짜 별거 아닌데요…. ○○씨 생각나서 샀어요. 너무 약소하네
요.

→ 제 마음은 이기보다 더 크지만, 받아주세요.

② 연락 없이 늦게 들어온 아이에게

언제 나갔는데 이제 들어와? 너 엄마 아빠 무시해? 그럴 거면 나가
서 살아!

→ 걱정돼서 안절부절못했고 화가 났어. 다음부터는 미리 연락줘.

③ 일주일에 세 번 지각한 직원에게

너 때문에 미치겠다. 너는 게으른 게 문제야.

→ 분위기가 심란해져요. 저도 신경 쓰이고요. 앞으로는 시간 지켜주세요.

④ 매번 회의록 정리를 부탁하는 동료에게

왜 맨날 나한테만 해달래? 내가 만만해?

→ 자꾸 이러면 불편해져요.

⑤ 중요한 미팅에 자료 하나를 빠뜨린 직원에게

정신을 도대체 어디다 빠뜨리고 다니는 거야?

→ 번거롭게 됐어요. 좀 더 긴장해줬으면 좋겠어요.

⑥ 점심으로 챙겨온 사과를 한 입만 달라는 친구에게

너는 맨날 한 입만 달라고 그러더라? 네 건 네가 싸와.

→ 점심이 이게 다라 좀 곤란해. 한 개 다 먹고 싶어.

마음대로 말하기

03
경청의 매뉴얼:
말 속에 담긴 마음 읽기

　원활한 소통을 위해서 말하는 것도 중요하지만 그에 못지않게 듣는 것도 중요합니다. 상대가 짜증 어린 말투로 불만스러운 이야기를 하는데 이해되지 않을 때 '대체 왜 저래?' 하고 생각하죠. 우리는 앞으로 다르게 생각해야 합니다. '저 사람은 무엇을 원하는 걸까?' 하고요. 그리고 '저 사람의 현재 감정은 어떤 걸까?'도 같이 생각해야 합니다. 이렇게 내 마음을 탐구하는 생각의 매뉴얼과 마찬가지로 상대방의 마음을 생각해보는 것이 경청의 매뉴얼입니다.

　워크숍을 친구와 함께 듣는다고 가정해보겠습니다. 강사의 설명을 잘 듣고 있는데, 옆에 있는 친구가 신경질을 내며 이렇게 말합니다. "끝나는 시간을 왜 안 알려주는 거야?" 이 말을 듣고 여러분은 뭐라고 대답할까요? 친구의 신경질에 반응하여 "끝날 때 되면 알아서 끝내겠지."하고 되받아칠까요? 아니면 "나도 몰라." 하면서 대화를 끝낼까요? 말을 한 친구의 감정은 답답함이었을 겁니다. 끝나는 시간을 알기를 원했을 테고요. 여러분이 끝나는 시간을 알고 있으면 그대로 말해주면 되고, 모른다면 감정에 공감하면 됩니다. "너도 답답하지? 곧 알려줄 테니 기다려보자." 이렇게요.

사회 초년생이던 지인이 사수에게 들었던 말입니다. "이렇게 일해서 되겠어? 이런 식으로 일하면 돈 못 벌어. 괜히 번아웃만 오지." 업무에 허덕이며 지쳐가던 중에 들었던 말이라 지인에게는 꽤 상처가 된 말이었습니다. 그것도 퉁명스러운 말투로 했던지라 불쾌한 감정만 일으켰죠. 이때 지인은 속으로 '아니, 열심히 일하는 사람한테 초를 치는 것도 아니고. 너나 잘하세요.'라고 생각했다고 합니다. 그런데 신입 시절이 지나고 사수와도 친해지니 예전에 나한테 했던 퉁명스러운 핀잔이 걱정돼서 했던 말이었음을 깨달았죠. 원체 낯간지러운 말을 못 하는 사람이었고, 툭툭 하고 말을 던지는 행동이 의외로 그 사람에게는 친근함의 표현이었다는 거죠.

모든 사람이 둥글고 예쁘게 말하면 좋으련만 이 세상에는 그렇지 않은 사람이 매우 많다는 것을 우리는 경험으로 잘 알고 있습니다. 그래서 그런 사람을 만나면, 듣는 상대방은 항상 상처받곤 합니다. 눈치가 빨라 말하는 사람의 의중을 파악하는 능력이 좋다면 말 속에 담긴 진짜 마음을 쉽게 파악하겠지만, 마음대로 말하는 일이 어려워 이 책을 읽는 여러분이라면 경청의 매뉴얼을 생각하고 연습하는 시간이 필요합니다.

저 사람은
"왜" 이런 말을 할까?

말하는 이의 감정이 무엇일까? 무엇을 원하는 걸까? 그렇다고 나에게 악의를 가지고 말하는 사람에 대해서 그 감정을 공감하고 다 이해해줄 필요는 없습니다. 경청의 매뉴얼이 필요한 경우는 나 못지않게 표현이 서투른 사람들의 말을 들을 때입니다.

지인의 사수 같은 사람이 여러분 앞에 나타난다면, 무엇을 원하는 말일지 깊이 생각해야 합니다. 내가 일하는 모습이 답답해서 보기가 싫기 때문인지, 안타까워 그러는지 등 여러 방향으로 상대의 입장이 되어 답을 찾아야 합니다. 그러다 보면 상대가 진짜 원하는 바가 '내가 일을 잘하는 것'임을 깨닫게 되죠. 그리고 걱정되어 말했다는 것도 알게 되고요. 그렇기에 저라면, 지인의 사수에게 이렇게 말했을 것 같습니다. "제가 걱정되세요? 제가 일을 잘하길 바라시는 거죠? 그럼 어떻게 일하면 효율적일까요?" 사수의 진짜 마음에 공감하며 요청을 덧붙이면서요. 이 정도 리액션을 하려면 내공이 많이 필요하지만, 제 대답을 따라서 연습하다 보면 나중에 비슷한 언어로 답하는 자신을 발견할 수 있을 겁니다.

그리고 아무리 연습해도 상대를 잘 모르겠다 싶으면 직접 물어보면 됩니다. "제 행동이 마음에 안 드세요?" 이렇게 공격적으로 물어보기보다 "어떤 마음으로 그런 말씀을 하시는 걸까요? 제가 어떻게 하기를 바라세요?" 하며 원하는 것을 직접적으로 물어보는 편이 가장 좋습니다. 특히 마지막 문장을 연습해보세요. "제가 어떻게 하기를 바라세요?" 악의가 없는 상대라면 여러분에게 좋은 해결책을 가져다줄 거예요.

경청의 매뉴얼: 내가 듣기에도 좋은 말

04

상대방의 말을 듣고 어떤 말을 해야 할지 잘 모르겠다면, 정해진 멘트를 외워서 연습을 해보는 것도 여러분에게 도움이 됩니다. 세상에는 내가 하기에도 듣기에도 좋은 말, 문장이 정말 많습니다.

다양한 예를 통해 경청의 매뉴얼대로 상대방의 감정을 먼저 알아준 다음, 상대방이 무엇을 원했는지까지 살펴보겠습니다.

첫째, 아이가 있는 집입니다. 아이와 한 시간 동안 TV를 보기로 약속했습니다. 그래서 약속 시간만큼 보여주었고, 이제 TV를 껐습니다. 그러자 아이가 "엄마, 아빠 미워!" 하면서 소리를 질렀습니다. 아이는 왜 그랬을까요? 왜 밉다고 외쳤을까요? 아마도 TV가 더 보고 싶은데 마음대로 되지 않아 화가 났을 겁니다.

그런데 내가 그 마음을 알아주지 않고, "이놈의 자식 먹여주고 키워줬더니 어디서 감사한 줄도 모르고! 나도 너 미워!"라고 아이에게 말한다면, 이게 그 사람의 마음을 있는 그대로 듣는 방법이 맞을까요? 아닐 겁니다. 우리는 TV 보는 시간에 대해 말하고 있습니다.

나는 멈추기를, 아이는 더 보기를 바라죠. 그렇기에 정말 말해야 하는 주제, TV에 대해 회피하지 말고 아이의 감정을 공감해주며 대화를 이끌어야 합니다.

"엄마 TV 더 보고 싶어요." 하고 아이가 말한다면, "우리 OO이 TV가 더 보고 싶구나. 그렇게 재밌었어? 하지만 TV는 한 시간만 보기로 했지? 그러니까 내일 보자." 이런 식으로요. 말을 잘 듣는 아이라면 부모의 말을 받아들이겠지만 보통 울거나 떼쓰거나 계속 조르는 경우가 많겠죠. 그래도 아이의 마음을 읽으며 앵무새처럼 반복해야 합니다.

"엄마한테 조를 정도로 그렇게 재밌었어? 그런데 한 시간만 보기로 했으니까 우리 내일 보자." 이렇게요. 이것이 반복되면 약속을 지키는 습관이 되고 어느새 아이는 한 시간만 보는 규칙을 받아들이게 되겠죠.

이는 단지 아이에게만 적용되는 게 아닙니다. 내 직원에게도, 내 고객에게도, 내 환자에게도 알려줘야 하는 약속의 방법입니다. 이건 되고 저건 안 된다는 것을 반복적으로요.

둘째, 친구와의 관계에서 벌어지는 일입니다. 친구가 일이 너무 힘들어서 "진짜 힘들어서 못 해 먹겠어." 하고 말했습니다. 이럴 때 이 말을 들은 내가 "야, 우는소리 하지 마. 세상에 안 힘든 일이 어딨어? 다 힘들어."라고 말한다면 이 친구가 나랑 대화를 하고 싶을까요? 아니죠. 정말 하기 싫겠죠. 친구는 나에게 힘든 상황을 부정당하기보다 공감하기를 바랐을 겁니다. "그렇게 힘들어? 일이 많았어? 그러면 잠시 휴가 내서 조금이라도 쉬는 건 어때?" 이런 식의 공감을 받기 원한 거죠.

오랜만에 동창 모임에 갔습니다. 한 친구가 약속 시간보다 조금 늦게 들어오며, "내가 왔는데 아는 척도 안 하냐?" 하고 말했습니다. 이 말을 들은 내가, "야, 네가 뭔데 우리가 먼저 아는 척 해야 돼? 니가 먼저 하지?"라고 답한다면 마음대로 잘 들은 걸까요? 친구는 자신의 도착을 알리고 싶었을 겁니다. 말투에 따라서 장난스러운 인사였을 수도 있고, 아니면 누구에게도 인사가 없어 섭섭함을 표현하는 방법이었을 수도 있습니다. 그러니 친구가 원하는 대로 아는 척을 하면서 환영을 해주면 되는 거죠. "어머, 오랜만이야. 잘 지냈어? 너무 오랜만이라 몰라봤어." 하면서요.

마음대로
말하기

① (약속한 시간에 TV를 끄자) 엄마 미워! 아빠 미워!

이 놈의 자식! 먹여주고 키워줬더니 어디 감사한 줄도 모르고! 나도
너 미워!

→ TV 더 보고 싶지. 그렇게 재미있어? 하지만 TV는 한 시간만 보기로
했으니까. 내일 보자.

② 남편이 아니라 웬수다 웬수!

내가 뭐랬어. 그렇게 내가 말릴 때 말을 들었어야지.

→ 남편이 잘 안 따라줘서 속상하겠네. 어떤 점이 그렇게 힘들어?

❸ 진짜 힘들어서 못해먹겠어요.

우는소리 하지 마라. 세상에 안 힘든 일이 어디 있겠어.

→ 의욕이 떨어지니? 좌절감이 큰가 보다.

❹ 내가 왔는데 아는 척도 안 하냐?

니가 뭔데? 니가 먼저 하지?

→ 당연히 반갑지. OO 하느라고 못 봤어. 어서 와~

❺ (일이 많은 사람이) 항상 하는 사람만 하는 것 같습니다.

시켜줄 때 고마운 줄 알고 해. 뭐 그렇게 불만이 많아?

→ 많이 버거웠겠어요. 업무를 다시 논의할까요?

❻ 대표랑 마음이 안 맞아서 그만두고 싶어요.

요즘 같은 불경기에 호강에 겨웠구만? 세상에 마음 맞는 사람이 몇

이나 된다고. 그냥 참아.

→ 그동안 심란했겠다. 내가 들어줄 수 있는 얘기가 있을까?

05

말은 할수록 는다.
다르게 말해보는 연습

우리가 수없이 많이 하는 부정어를 긍정어로 바꿔보는 시간을 가져보려 합니다. 중국의 대기업인 알리바바를 세운 마윈은 극도로 가난한 환경을 극복하고 성공하여 세계적인 부자가 되었습니다. 이러한 마윈은 자신만의 철학으로도 유명한데 20대 청년일 때부터 '긍정적으로 말하기'를 생각하고 '절대 나는 부정적인 말을 하지 않겠다' 결심했다고 합니다. 예를 들면, 어린 시절 너무 불행했으나, "나 너무 불행하다."고 말하는 것조차 부정적이라 생각되어, 어떻게 하면 자신의 심정을 부드럽고 편안하게 표현할 수 있을까 고민했다고 합니다. 그래서 생각해낸 문장이 "내가 참 편치가 않다."입니다. 어떠한 상황이라도 긍정적으로 표현하는 버릇이 중요하다는 것을 일찍부터 알고 연습했던 거죠. 그래서 우리도 이를 생활화했으면 합니다.

저는 늘 연습합니다. 늘 깨어 있으려고 노력합니다. 덕분에 어떤 말을 하는 순간, 내가 지금 부정적으로 얘기했구나 하고 잘 알아차립니다. 예전에는 상황에 따라 넘어갈 때도 있었지만, 지금은 말을 긍정적으로 수정하는 경우가 많아졌습니다.

긍정의 말을 하기 위해서는, 일단 부정적으로 생각하지 마세요. 그런데 '마세요' 자체가 부정어네요? 그렇다면 이를 긍정으로 표현하면, '긍정적으로 생각하세요'겠죠? 다음으로 '걱정하지 마세요'를 바꿔볼까요? 답은 '마음 놓으세요' '편안하게 생각하세요' 혹은 '안심하세요'가 될 수 있겠죠. '핸드폰 보지 마세요'를 '집중하세요'로, '돌아다니지 마세요'를 '자리를 지켜주세요'로 바꾸면 상대의 반발심을 줄이면서 규칙을 알리는 데 효과적입니다. 이렇게 '마세요'를 '하세요'로 바꾸는 것입니다. '주세요'는 완곡한 요청이 포함된 말로 원하는 것이 있을 때 사용하면 좋습니다.

1. 뛰지 마

어른들이 아이들에게 가장 많이 하는 말이 "뛰지 마."입니다. 그렇다고 아이들이 안 뛰지 않습니다. 뛰지 말란 말이 아이들한테는 "뛰어!"처럼 들린다고 하더군요. 보통 인간은 말하는 내용을 그 모습 그대로 떠올린다고 합니다. 그렇다면 상대방이 떠올려줬으면 하는 것을 말하세요. 뛰지 않기를 원하면 천천히 걸으라고 말하면 되겠죠. 제 동생은 아이들에게 "사뿐사뿐 걷자."고 말해요. 그러면 그 말이 마음에 드는지 정말 사뿐사뿐 천천히 걷습니다. 물론 아이들의 집중력은 짧기 때문에 그 말을 여러 번 반복해야 하지만, "뛰지 마!"보다는 효과가 뛰어납니다. 그리고 뛰지 말라고 소리치는 사람의 얼굴을 생각해보세요. 잔뜩 성을 내는 표정이겠죠. 그렇다면 사뿐사뿐을 말하는 사람의 표정은요? 뭐든지 긍정적으로 말하는 편이 좋습니다.

2. 만지지 마세요

전시회를 가면 '만지지 마세요'란 표지판을 보고는 합니다. 이 부정적인 말을 어떻게 바꾸면 좋을까요? 내 상품이나 전시품을 건드리지 않고 눈으로만 확인했으면 하고 바란다면, '눈으로만 보세요'하고 긍정으로 표현하면 됩니다.

3. 지금 통화 못 해요

"지금 통화 못 해요."를 긍정으로 바꿔볼까요? 긍정으로 바꾸랬더니, "지금 통화됩니다."로 바꾸는 분이 있습니다. 이는 실제로 통화가 불가능한 상황에서는 무용지물인 말입니다. 말 그대로 '지금' 통화가 어려운 거니까요. "나중에 연락드릴게요."나 "10분 후 연락드리겠습니다."가 적절한 답변이겠죠. 아니면 여유 있는 시간을 상대방에게 알려줘서 그때 다시 전화하게끔 유도해도 되겠죠. "세 시간 뒤에 통화 가능합니다." 이런 식으로요.

4. 아픈 건 딱 질색이야

"아픈 건 딱 질색이야." 싫어하는 감정이 잔뜩 담긴 부정어입니다. 이럴 때는 아예 반대말로 원하는 것, 가능한 것을 말하는 게 낫습니다. "건강하니까 딱 좋아.""나 진짜 건강하고 싶어.""컨디션이 좋으면 좋겠어." 일상에서 반복적으로 말하면, 자기 다짐도 돼서 정신적으로 효과가 좋습니다. "나 진짜 아픈 거 너무 싫어!" 대신에 긍정으로 말하면 표정과 말투부터 확실히 달라지는 것이 느껴집니다.

긍정적으로
말하기

① 다리 꼬지 않기. → 다리 바르게 하기.

② 비속어 쓰지 말기. → 바른 말, 예쁜 말, 고운 말 쓰기.

③ 진짜 일어나기 싫다. → 더 자고 싶다.

④ 기 좀 죽이지 마라. → 기 좀 살려줘.

⑤ 성과 안 나면 보너스 없습니다. → 성과 나면 보너스 있습니다.

⑥ 늦지 마. → 시간에 맞춰 와.

⑦ 빨래 빼놓지 마. → 빨래도 챙겨서 해줘.

⑧ 문 열어놓지 마세요. → 문은 꼭 닫아주세요.

⑨ 커피 마시지 마. → 아이스티나 라떼 마시자.

⑩ 지금 결정 안 하시면 진행 안 됩니다. → 지금 결정하셔야
제때 진행됩니다.

⑪ 지금은 말하고 싶지 않아. → 이따가 얘기해.

⑫ 피곤해. 안 가고 싶어. → 오늘은 집에서 쉬고 싶어.

⑬ 그것 좀 안 할 수 없어? → 신경 쓰여. 이건 이렇게 해줘.

⑭ 지금은 핸드폰 보지 마. → 나한테 집중해줘.

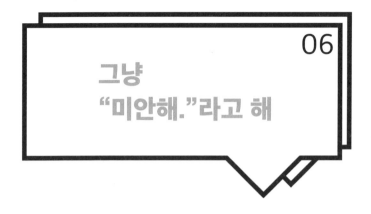

06

그냥
"미안해."라고 해

"사과는 어떻게 해야 하나요?"

누군가에게 사과하는 일이 가장 어렵습니다. 상대방의 마음도 풀어줄 수 있어야 하고, 나의 잘못을 되짚고 인정하고 잘 말해야 하기 때문입니다. 사과하는 방법을 가르쳐달라는 분께 저는 말했습니다.

"그냥 미안하다고 하세요."

사과에는 특별한 방법이 없습니다. "내가 사과할게."라고 말하고 내가 이렇게 저렇게 했던 것이 생각해보니까 잘못한 것 같다고 담백하게 말하는 수밖에 없습니다. 사과하는 데에는 답이 없습니다.

때로는 내 입장에서는 미안하다고 했는데, 상대방이 마음을 풀지 않고 계속 불편한 태도를 유지하니 다시 기분이 토라지는 경우도 분명 있습니다. 나도 어렵게 내 잘못을 인정하고, 떨어지지 않는 입을 떼어 말했는데 대체 저 사람은 왜 '나처럼' 한 걸음 물러설 줄 모를까, 야속하기도 합니다.

내가 어렵사리 사과했으니, 상대방은 당연히 내 사과를 받아야 하는 걸까요?

여기서 다시 기억해야 할 말이 있습니다. 우리는 제각기 다르다는 것, 그렇기에 통하지 않을 수도 있다는 것, 그러니 상대방이 나의 요청을 거절할 수도 있다는 것입니다.

이를 간과하고, 내가 사과했는데 저 사람이 계속 마음을 풀지 않고 태도를 바꾸지 않는다고 불만스러워진다면, 그것이 진정 사과였는지 나 스스로 한번 돌아볼 일이기도 합니다. 입장을 바꾸어서 내가 사과를 받아야 하는 상황이라고 생각해봅시다. 내게 실례되는 말을 하거나 잘못한 사람이 있고, 나는 마음을 풀 준비가 되지 않은 상황에서 사과를 받았다고 무조건 마음을 풀어야 한다면, 그 사과는 오히려 너무 일방적이고 강제적으로 느껴질 뿐입니다.

상대방의 방식으로 사과하는 것도 중요합니다. 때로는 미안하다는 말 다음에, 기다려주는 시간이 필요할 수도 있으니까요.

최악의 사과 방식
"미안해, 그런데~"

사과의 가장 중요한 원칙이 하나 있습니다. '그런데'라는 단어를 쓰지 않는 것입니다. 저는 항상 말합니다. "그런데(근데) 이 말 쓰지 마세요." 하고요.

"미안해, 그런데 그때는 나도 이런 상황이었어."

내가 이런 사과를 받는다면 어떤 기분일까요? '미안해'라는 말에 마음이 누그러지다가도, '그런데'라는 단어를 듣는 순간, '아, 사과하려는 것이 아니고, 이 말이 본론이구나' 하는 생각에 오히려 더 마음이 상할 듯합니다.

'그런데'라는 단어를 붙이는 순간, 마치 앞의 장황했던 사과의 말과 담백하게 늘어놨던 내 잘못들은 이제부터 나올 이야기를 하기 위한 초석에 지나지 않았다는 인상을 줍니다. 미안하다는 진심을 전하면서 관계를 회복하려는 내 마음은 퇴색되어 버립니다.

사과를 하면서 접속사를 붙이면, 사과는 그저 말을 꺼내려는 서두에 불과해지면서 말의 목적이 변명과 책임 회피와 책임 전가로 변질됩니다.

그러니 사과는 그저 담백해야 합니다. 또 단순해야 합니다. 그래도 내가 이 말을 해야 왜 그렇게 되었는지 설명이 되겠다, 한다면 그저 그때의 사실을 '그런데'와 '그러나'와 '하지만' 없이 이야기할 수도 있습니다.

"미안해, 그런데 그때는 나도 이런 상황이었어."와 "미안해, 그때는 나도 이런 상황이었어."는 전달되는 진정성에 큰 차이를 줍니다.

07

감사하다는 말이
가장 쑥스럽다

저는 언젠가 강의에서 고마움을 표현하라는 말씀을 드렸습니다. '마음대로 말하기'의 방점은 표현에 있습니다. 긍정적으로 생각하고 마음에 변화를 일으키고, 그로부터 표현하고 또 표현해보는 것에 초점이 있는데, 생각만 긍정적으로 해보고 표현하지 않는 분들이 정말 많습니다. 표현해야 합니다. 그래야 내 마음의 변화가 상대방에게 전달되고, 상대방의 마음에도 변화의 물결이 일어나는 것이니까요.

미안한 마음처럼 고마운 마음도 표현해야 합니다. 이보다 더 관계를 단단하고 따뜻하게 해주는 말이 없습니다.

우리는 고마움에 표현이 박하고 내가 보기에 엇나간 것은 쉽게 말합니다. 상대방이 했던 열 가지 행동 중에 고마웠던 아홉 가지는 말하지 않고 있다가, 딱 하나 마음에 안 드는 구석이 발견되면 참지 못하고 말을 내뱉습니다. 커뮤니케이션의 문제는 이 지점에서 발생합니다. 우리 관계에서 좋은 면들은 말하지 않고 잠자코 있다가 마음에 안 드는 하나를 덥석 말해버려서요.

저는 열 가지 행동이 있으면, 고마운 것은 일곱 개 말하라 말씀드립니다. 그러다 끝내 마음에 들지 않는 것 딱 하나만 말하라고요. 그럼 나머지 두 개는 어떻게 하면 될까요? 할 것이 없습니다. "말하지 마세요, 참으세요." 하고 말씀드립니다. 내 눈에 밟히는 것들을 다 전달해서 무엇을 하고 싶은 것인지 한번 돌아보면 '굳이 말로 꺼낼 일은 아니었음'을 깨닫게 됩니다.

기업 요청으로 '마음대로 말하기' 워크숍을 진행할 때였습니다. 둘씩 짝을 지어 서로 고마움을 표현해보시라 했습니다. 앞뒤로도 해보시라 했습니다. 모두 어쩔 줄 몰라 하며 입을 떼지 못했습니다. 오히려 미안하다는 말보다 입을 떼기가 힘든 것이 고맙다는 표현입니다. 대개 고맙다는 표현을 새삼스럽게 여기고 그 표현을 받는 것 역시 익숙하지 않습니다.

워크숍이다 보니 대놓고 하라 그러면 더 의식되어 쑥스러운 마음에 평소보다 데면데면 표현하기도 합니다. 그래도 고맙다는 말을 제때 하지 못해 마음이 개운하지 못한 상황들을 떠올리며 내뱉어버릇해야 합니다.

그냥 고맙다 하지 말고
콕 집어 말해주세요

저는 짝을 지어주고는 서로 어떻게 고마움을 표현하나 쭉 둘러봤습니다. 그랬더니 한 가지 공통점이 발견되었습니다. 그저 고맙다고 합니다. 그래서 조금 더 구체적으로 해보라 요청드렸습니다. 그랬더니 "일하는 데 도와주셔서 고맙습니다."라고 합니다. 저는 정말 고마웠던 것이었는지 다시 물었고, 그분은 상대방에게 진심으로 감사의 마음을 지니고 있었습니다.

저는 어떤 상황이 그렇게 고마웠는지 물었습니다. 이분은 예약에 따라 고객 상담을 하는 분이었는데, 간혹 상담이 밀려 예약 시간이 조금씩 밀릴 때가 있었다고 합니다. 고객이 늦게 와서 상담이 늦게 시작되면, 그만큼 상담 시간은 늦춰지고, 그다음 고객은 다시 기다리는 악순환이 계속되는 것입니다.

당시 고객이 늦게 왔고 여지없이 상담이 밀리는 바람에, 다음 고객 시간에 맞추지 못할까 봐 걱정하고 있었는데, 그 상황에서 동료 두 분이 오셔서 알아서 다음 고객을 위한 준비를 미리 해주셨다고 합니다. 그렇게 준비하는 시간을 아끼면서 다음 고객 시간부터는 상담 시간에 잘 맞춰 그날의 일정을 마칠 수 있었다는 말을 해주셨어요.

저는 이 상황과 감사의 마음을 합쳐서 문장으로 만들어보시라고 말씀드렸습니다. "일하는 데 도와주셔서 고맙습니다."라는 그분의 마음은 이렇게 다시 표현되었습니다.

"바쁠 때 말없이 오셔서 복잡한 상담 준비를 미리 도와주신 덕분에 제가 다음 상담을 제 시간에 시작할 수 있었어요. 너무 고마웠어요."

표현은 구체적이어야 합니다. 당신이 나에게 이렇게 해줘서 내가 이런 영향을 받았고, 그것이 고맙다고 꼭 이야기해주셔야 합니다. 고마움도, 미안함도 이렇게 되어야 합니다. 고마움에 구체적인 이유와 마음을 더하면 훨씬 감동적으로 상대방에게 다가갈 수 있습니다.

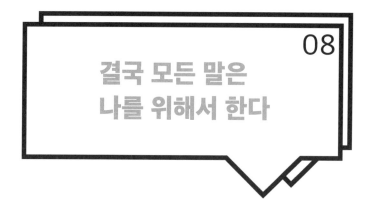

08

결국 모든 말은
나를 위해서 한다

우리는 왜 사과를 잘 하고 싶을까요? 왜 사과하기 전에 고민할까요? 사과를 잘 하려는 이유는 상대방에게 내 잘못에 대해, 혹은 상대방의 마음을 상하게 한 것에 대해 용서받고 싶고, 그러면서 불편하고 어색해진 관계를 다시 회복하고 싶기 때문입니다.

왜 다시 관계를 회복하고 싶은 것일까요?

이 어색함이 내 마음을 불편하게 하기 때문입니다.

이 사과의 마음도 파고들고 또 파고들어 보면, 내 불편한 마음을 편하게 하고 싶은 바람에서 시작합니다.

내가 사과했는데, 사과를 받아주지 않아서 화나는 마음 한 편에는 내 마음 편하려고 하는 것인데 받아주지 않으니까 더 화가 나는 감정도 숨어 있습니다. "내가 이렇게까지 했으면, 받아줘야 하는 거 아니야?" 하는 생각이 드는 것도 그런 마음의 발로입니다.

내가 잘못도 했는데, 마음이 편하지 않고, 관계도 유지하고 싶고 저 사람이 사과도 받아줬으면 좋겠다는 욕심이 있는 것입니다.

우리가 하는 모든 행동과 모든 말은 모두 나를 위한 것이지 상대방을 위한 것은 아닐 경우가 많습니다.

널 위해 하는 말이 아닌
날 위해 하는 말

남도 나도 자주 하는 말이 있습니다.

"너 위해서 하는 말인데."

아닙니다. "나 위해서 하는 말"입니다. '내 마음은 그게 아니었는데'에서 "상대방을 위해서가 아니라 나를 위해서 하는 일"이라고 생각해야 한다고 했습니다.

부모님이 자식에게 공부하라고 합니다. 다 너 잘되라고 하는 것이라면서요. 하지만 자식이 공부를 잘 하면 부모님이 좋습니다. 공부를 잘해서 자기 앞가림할 기회가 많아지고, 자식이 자기 앞가림을 하고 독립해야 부모님의 마음이 편합니다.

봉사활동하는 분들의 이야기를 들어보면, 모두 스스로 좋아서 하는 것이라고 합니다. 내가 좋자고 하는 일이 남에게 피해주지 않고 심지어 좋은 일이니 세상에서 가장 좋은 일입니다.

'마음대로 말하기' 수강생 중에 아무리 생각해도 그 '조언'은 자기한테는 좋을 것이 없고, 상대방이 하면 정말 좋은 일이라고 한 분이 계셨습니다. 저는 그분에게 계속 물었습니다.

"그 이야기를 안 하면 상대방은 어떻게 되나요?" 수강생 분이 "그 사람에게 안 좋다."고 답합니다. 그래서 저는 또 물었습니다. "그러면 어떻게 되나요?" 저는 계속 묻고 수강생 분은 거기에 답하는 대화가 이어지자 '너 좋자고 하는 말'의 진심이 드러납니다.

그 진심이란 내가 보기에 안 좋아서이기도 했고, 단지 내 방식대로 하지 않아서이기도 했습니다. 때로는 "내 말을 들어서" 상대방에게 영향을 끼치고 싶다는 본심이기도 했습니다. 대개 자기 자신도 그런 마음이 가슴 저 깊숙이 숨어 있다는 사실을 모르고 있었습니다.

'널 위해 하는 말'은 실수를 유발합니다.

저는 정 말을 하고 싶으면, '널 위해'를 '날 위해'로 바꾸고 본론만 말하라고 조언해드립니다. "(날 위해 하는 말인데), 그거 그렇게 하면 안 돼." 하고 속으로 그 말을 삼키기만 해도 내가 후회할 만한 말실수를 줄일 수 있습니다. 잔소리도 줄어듭니다.

그 말을 삼가기만 해도, 말의 속도가 느려지면서 '이런 말을 할 필요가 있을까?' 하고 브레이크가 걸립니다. '이건 날 위해 하는 말인데, 이 말이 과연 우리 관계에 도움이 될까?' 하고요.

생각을 바꾸기는 쉽지 않습니다. 그러니 작은 습관부터 바꿔보는 것입니다.

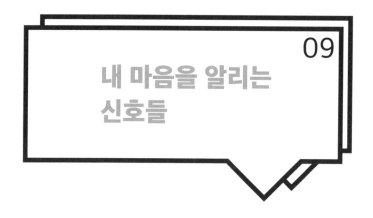

09

내 마음을 알리는
신호들

지금까지 우리는 어떻게 말해야 하는지에 대한 말의 방법, 즉 말의 요소들에 관하여 이야기했습니다. 이제 마지막으로 말로 전달하지 않아도 상대방에게 내 의도를 알리는 다양한 신호들을 다루려고 합니다. 똑같은 문장을 말하더라도 상냥하게 말하느냐, 단호하게 말하느냐 아니면 울면서 말하느냐에 따라 전달하고자 하는 의미가 달라집니다. 받아들이는 사람이 다 다르게 받아들이기 때문이죠.

'마음대로 말하기' 워크숍에서 사진 세 장을 보여드린 적 있습니다. 제가 예전에 공연할 때 찍은 사진들로, 모두 공연 중의 제 모습이 담겨 있었습니다.

첫 번째 사진은 몰리에르의 〈수전노〉라는 작품의 한 장면이었습니다. 아무 설명도 없이 이 사진을 보여드렸을 때, '슬퍼 보인다''간절해 보인다' '애절해 보인다' '바라는 것이 있어 보인다' 등의 감상이 나왔습니다.

저는 몰리에르의 〈수전노〉라는 작품에서 수전노인 아버지를 둔 딸 엘리즈 역할을 맡았습니다. 딸보다 돈을 더 사랑했던 아버지는 딸이 사랑하는 남자와 결혼하는 것을 반대하고 대신 돈을 더 많이 주는 남자와 결혼시키려고 합니다. 첫 사진은 그런 아버지의 말을 듣고 사랑하는 사람과 결혼하게 해달라고 애원하는 딸의 모습이었습니다. 딸은 바닥에 무릎 꿇고 앉아 있는 상태입니다. 사람이 살면서 무릎 꿇고 앉아 이렇게 애원하는 일은 많지 않습니다. 그런데 사진 속 딸은 그럴 만큼 애절한 마음으로 아버지에게 빌고 있었습니다. 간절함이 담긴 눈빛, 찡그리는 표정, 닿을 듯 말 듯 허공을 향해 뻗은 손짓, 바닥에 꿇어앉은 태도에서 그런 슬픔의 감정이 묻어나온 것이죠.

표정의 언어
몸짓의 언어

다음으로 셰익스피어의 〈한여름밤의 꿈〉의 한 장면을 보여드렸습니다. 이 사진을 본 분들은 '무언가 지시하는 것 같다' '당차 보인다' '강력하게 요청하는 것처럼 보인다' 같은 감상을 말씀해주셨어요.

제가 보기에도 어딘가를 향해 팔 하나를 곧게 뻗고 손가락을 펼친 모습은 무언가 지시하는 것 같습니다. 놀란 것 같기도 하고 화가 난 것처럼 보이기도 합니다. 강의에서 이 사진을 보여드릴 때, 미쳐 보인다고 답한 분도 있습니다. 제가 무엇을 보고 그렇게 생각했는지 물으니, 눈빛에서 광기가 보였답니다. 저는 이 말에 놀랐습니다. 제가 맡은 역할은 헬레나였는데 좋아하는 남자의 여자친구이자 친한 친구였던 허미어와 싸우는 장면이죠. 친구의 배신을 알고 발로 날아차기까지 하며 미친 듯이 싸우는 모습이라 미쳐 보인다는 설명이 딱 들어맞았죠.

세 번째 사진은 턱시도를 근사하게 차려입고 이마가 훤하게 드러나게 머리를 모두 뒤로 빗어 넘긴 차림이었습니다. 허리를 손으로 짚고 서 있는 모습에서 결연함, 당당함 또는 비장함이 느껴집니다. 마지막 사진의 공연은 〈두 주인을 섬기는 하인〉이라는 이탈리아 희극이었습니다. 제가 맡은 베아트리체는 극 중에서 남장 여자로 활동합니다. 오빠의 실종에 얽힌 비밀을 밝히고 사라진 오빠를 찾기 위해 오빠 행세를 하고 있죠. 사진 속의 장면은 비밀을 찾기 위해 떠나기 전, 출발을 선포하는 모습이었습니다. 그러니까 비장해야 하고, 여자인 것을 들키면 안 되니까 더 과장되게 행동하려고 노력했던 장면이었습니다.

제가 사진 세 장을 보여드릴 때마다 신기하게도 모든 분이 이 장면의 감정을 알아맞힙니다. 제가 대사를 보여드린 것도 아니고 영상

마음대로 말하기

도 아닌데도 말이죠. 바로 인물의 표정, 손짓, 눈빛, 의상 등 여러 가지 신호로 알 수 있었다고 합니다. 이 말은 우리와 소통하는 상대방도 나의 다양한 신호를 보고 내 감정을 알아차릴 수 있다는 뜻입니다. 내가 아무리 갖은 미사여구로 상대방을 칭찬해도 속마음이 다르면 이를 알아차릴 수 있습니다.

10

표현의 매뉴얼:
보이지 않는 것이 말을 한다

미국 캘리포니아대학교 심리학과 명예교수이자 심리학자인 앨버트 메라비언Albert Mehrabian이 발표한 메라비언의 법칙The Law of Mehrabian 은 커뮤니케이션에서 가장 중요한 이론입니다. 인간이 소통하며 상대방에 대한 인상과 호감을 결정하는 데에 무엇이 영향을 끼치는지 정리한 이론입니다.

대화를 구성하는 요소를 모두 합쳐 100퍼센트라고 했을 때, '보디랭귀지Body Language'는 그중 55퍼센트로 가장 큰 비중을 차지합니다. 보디랭귀지는 눈으로 확인할 수 있는 시각적인 요소를 얘기합니다. 단순한 손짓, 발짓, 몸짓이 아니라 눈으로 확인할 수 있는 외관상의 모든 요소를 보디랭귀지라고 부릅니다.

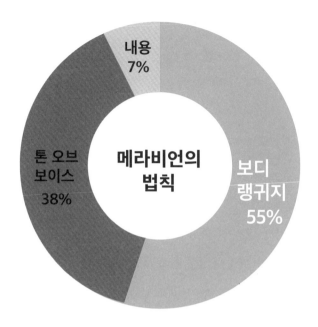

한마디로 눈에 보이는 요소만으로 인상의 55퍼센트는 영향을 미친다는 거죠.

두 번째는 38퍼센트를 차지한 '톤 오브 보이스Tone of Voice'입니다. 이는 목소리만을 포함하는 것이 아니라, 귀로 확인할 수 있는 모든 소리를 의미합니다. 이렇게 첫 번째와 두 번째를 합치면 93퍼센트나 됩니다. 비주얼과 오디오만으로도 인상이 거의 판단됩니다.

마지막 7퍼센트를 차지하는 요소가 '내용Words'입니다. 그런데 비중이 적다고 무시할 수 없습니다. 어쩌면 마지막으로 인상을 크게 좌지우지할 수 있는 키포인트이기도 하죠. 그러니 없어도 된다고 생각하지 말고 주의해야 합니다.

나를 꾸미는 일은 좋은 습관이다

자신을 꾸며서 좋은 비주얼을 만드는 노력은 사회생활을 하는 데 중요합니다. 나를 잘 모르는 상대가 나의 외적인 모습을 보고 일을 잘하는 것처럼 보인다고 판단할 수 있기 때문이죠. 물론 어떻게 사람의 외관만 보고 판단하느냐고 속마음이 더 중요한 게 아니냐며 반문할 수 있습니다. 하지만 인간은 보이는 모습을 중요시합니다. 특히 아무런 정보 없이 누군가를 처음 만난다면 55퍼센트의 영향을 주는 비주얼이 판단에 가장 크게 영향을 미칩니다. 그래서 저는 마음대로 말하기 워크숍을 할 때마다 새벽같이 미용실에 가서 헤어관리와 메이크업을 받고 어떤 옷을 입을지 미리 준비합니다. 항상 최고의 모습을 보여드리려고요. 그리고 강의하는 공간과 교재도 비주얼을 신경 씁니다. 오디오 그러니까 음성은 말이 직업인 사람들에게 특히 큰 영향을 끼칩니다. 발표해야 하고, 사람을 많이 만나야 하는 분들의 톤, 발음, 말투 모두 인상에 영향을 줍니다. 특히 반말, 반존대, 존댓말이 존재하는 우리나라에서는 말투가 아주 중요하죠.

'서브텍스트'라는 말이 있습니다. 서브텍스트는 연극 용어입니다.

대사에 표현되지 않은 감정, 판단, 느낌 등을 의미합니다. 그러니까 대사는 "안녕?"이지만, 배우는 이 두 글자에 다양한 서브텍스트로 다양한 분위기를 가져올 수 있습니다.

예를 들어, 설레며 반가운 마음에 "안녕?"을 할 수도 있고, 다툼 뒤 서먹한 마음을 담아 "안녕?"을 말할 수도 있습니다. 이렇게 두 글자 속에 담긴 의미가 서브텍스트입니다. 그리고 상대방이 내 의도를 알도록 보디랭귀지와 소리를 이용해서 전달합니다. 그러니까 안녕을 반갑게 표현할 때는 어떤 표정을 지어야 하는지, 어떤 음성의 톤을 가지고 해야 하는지, 목소리의 높낮이는 어느 정도로 조절해야 하는지, 자세는 어떻게 해야 하는지 등 이런 것들을 어떻게 사용해야 반가움이 제대로 표현될까를 고민하면서 행동합니다.

11

표현의 매뉴얼:
스피치의 세 가지 언어

우리는 자신이 원하는 것을 상대방에게 전달할 때 각기 다른 표현을 사용합니다. 어떤 사람은 표정으로 감정을 전달하고, 어떤 사람은 항상 경직되고 무뚝뚝해서 손짓으로만 전달하고, 또 다른 사람은 구구절절 말로만 전달합니다. 그런데 누군가와 정말 잘 통하고 싶다면, 상대방이 내 의도를 알 수 있도록 모든 방법을 동원해 표현해야 합니다. 이런 방법을 합해 '스피치의 세 가지 언어'라고 합니다.

스피치의 세 가지 언어에는 시각언어, 음성언어, 내용언어가 있습니다. 앞서 언급한 메라비언의 법칙과 유사합니다. 보디랭귀지가 시각언어, 톤 오브 보이스가 음성 언어, 마지막은 말의 내용, 내용언어입니다. 이미 가지고 있는 내용을 어떻게 표현하면 좋을지 설명하고

자 시각언어와 음성언어를 살펴보겠습니다.

시각언어는 이전에 비주얼이라고 지칭했습니다. 비주얼 중 가장 중요한 것이 무엇일까요? 바로 표정입니다. 타고나게 예쁘고 잘생긴 외모는 그다음 문제입니다. 왜냐하면 아무리 예쁘더라도 표정이 좋아야 좋아 보이는 것이지 예쁘다고 다 좋은 것은 아니기 때문입니다.

두 번째는 자세입니다. 자세에서는 내가 어떤 모습을 하고 앉아 있는지, 어떤 모습으로 서 있는지가 가장 중요하죠. 그래서 제가 병원을 운영하는 의사분들을 코칭할 때, 진료 시간에는 반드시 환자 쪽으로 몸을 틀어야 한다고 조언합니다. 모니터가 있어서 그렇게 안 된다고 하면, 모니터의 위치를 바꿔서라도 환자를 향한 자세를 만들라고 하죠.

세 번째는 시선입니다. 우리는 눈을 마주치는 것이 버릇없거나 무례해 보인다는 말을 종종 들어왔습니다. 그래서 시선을 피하는 경우가 간혹 생깁니다. 하지만 '너에게 말하고 있어' 혹은 '너의 말을 잘 듣고 있어'를 표현하려면 자연스러운 아이 콘택트가 중요합니다.

네 번째는 제스처입니다. 손짓, 발짓, 몸짓이 이에 해당하죠. 누군가를 지칭하기 위해 가리키거나, 위협을 가할 때 손을 들거나 발로 차는 행동들을 말합니다.

마지막으로 이미지가 있습니다. 이미지는 머리 모양, 안경 모양, 의상, 구두, 액세서리 등 외향을 꾸미는 모든 것을 의미합니다. 저는 이미지 중에 가장 큰 비중을 차지하는 요소는 의상이라고 생각합니다. 외부에서 가장 큰 면적을 차지하기 때문이죠. 그래서 의상을 활용해 원하는 이미지를 만들 수 있습니다. 특히 군복, 제복이나 전문 분야의 유니폼이 전략적인 이미지를 만드는 게 크게 일조하죠.

보이고 들리는 것에서 신뢰를 주는 연습

음성언어는 같은 말이라도 듣는 사람에게 어떻게 가닿는지에 따라 다양한 의미를 가져다준다는 점에서 중요합니다. 음성언어에서 첫째로 중요한 건 톤입니다. 목소리에는 개개인의 타고난 톤이 있지만, 따뜻한 톤, 냉정한 톤, 단호한 톤, 친절한 톤 등을 상황에 맞게 꺼내 쓸 수 있도록 연습해두면 좋습니다. 둘째는 속도입니다. 빠르게 말하느라 다급함을 드러낸다든지, 천천히 말해서 상태가 괜찮음을 보여주는 것이 속도가 주는 의도입니다.

세 번째는 크기입니다. 목적에 따라 크게 소리치거나 아주 작게 소곤거리는 거죠. 네 번째는 발음입니다. 발음을 정확히 하면 내용을 잘 전달하거나 전문성을 부여하는 데 도움이 되고 상대방에게 신뢰가 생깁니다.

마지막으로 중요한 건 강조입니다. 말하면서 내가 중점을 두는 부분에 강세를 준다는 의미입니다.

지금까지 말씀드린 시각언어와 음성언어의 요소들이 커뮤니케이션에서 93퍼센트의 비중을 차지합니다. 때로 (7퍼센트의) 내용언어가 중요하지 (93퍼센트의) 시각·음성언어가 뭐가 중요하느냐고 하는 분도 있습니다.

제가 코칭한 분 중에 표정에 대해 회의적인 의사분이 있었습니다. 의사가 치료만 잘 하면 되는 거지 환자한테 그렇게까지 애쓸 필요가 있느냐고 되물으셨죠. 그래서 전 "환자가 안 오는데 치료를 어떻게 하실 건가요?" 하고 질문드렸습니다. 다행히 그분은 코칭 이후에 하나씩 자기 자신에 대해 알아가면서 하나씩 개선하는 연습을 하고 있습니다. 가장 먼저 실천한 일은 환자에게 잘 가시란 마무리 인사를 한 것이라고 하니 그분에게는 큰 발전입니다. 덧붙여 원래는 환자의 눈을 보지 않았는데, 아이 콘택트를 시작했다고 합니다. 전 눈을 마주치지 않으면 환자에게 실력 없는 의사라는 이미지를 심어준다며 시선을 피하지 말라고 당부드렸습니다. 그렇게 자기의 행동이 바뀌니 환자들의 눈빛과 태도 또한 호감으로 바뀌는 것을 느낄 수 있었다고 합니다.

시각과 음성언어는 스스로 바꿔보고 시도해보며 체득해야 그 효과를 알 수 있습니다. 늘 강조하듯, 해보는 것이 중요합니다.

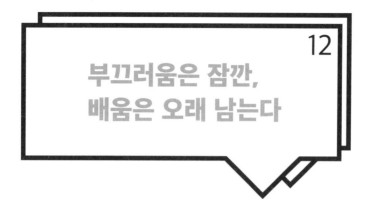

부끄러움은 잠깐,
배움은 오래 남는다

시각 언어에서 가장 중요한 것은 표정입니다. 자신이 평소에 어떤 표정을 짓는지 잘 모르는 분들을 위해 거울 연습을 권합니다. 일단 거울을 준비합니다. 그리고 거울에 비친 자신의 얼굴을 확인해보겠습니다.

어떤 표정을 하고 있나요? 내가 고객을 만나거나 거래처 담당자를 만날 때 어떤 표정이면 좋을까요?

자신이 원하는 표정을 지어봅니다. 거울 앞에서 표정 짓는 것이 처음이라면 굉장히 어색합니다. 하지만 반복해 연습해야 합니다. 그렇게 표정이 자리 잡으면 눈도 맞춰보고 제스처도 해보면서 단계를 밟아가는 거죠.

마음대로 말하기

"반가워."

이 말을 하면서 거울에 비친 자신의 표정을 봅니다. '반가워'라고 말할 때 몸짓은 어떻게 하고 싶나요? 손을 흔들고 싶은가요? 그러면 손을 흔들면서 다시 말해봅니다.

"행복해."

자신의 표정이 어떤가요? 억지로 찡그리겠다 마음먹지 않는 이상 얼굴 근육이 풀어지는 느낌이 들 겁니다. 행복하다는 말을 반복할수록 긍정의 기운을 받을 수 있습니다.

"놀라워."

놀란 표정을 지으셨나요? 깜짝 놀란 마음을 생각해서 한 말일 수도 있고, 감탄하는 마음으로 한 말일 수도 있지만, 놀란다는 감정은 언제나 극적인 표정을 가져다주죠.

"미안해."

이 말을 할 때의 표정은 어떤가요? 정말로 누군가에게 미안함이 느껴지는 표정인가요? 말로만 전달하는 "미안해."는 진심이 덜해 보일 수도 있습니다. 표정으로 표현해봅니다.

"짜증 나."

감정이 상했다는 마음을 표현할 때 주로 사용하죠. 말할 때 미간이 움직이는 것이 느껴지나요?

"불안해."

초조함이나 걱정이 느껴지는 표정인가요? 손을 가만히 두지 못하겠거나 맞잡고 싶어진다는 느낌이 들진 않나요?

모든 근육은
써야 제 역할을 한다

여섯 가지 말이 여러분에게 같은 표정을 가져다주었나요? 얼굴 근육이 많이 풀어진 다음에는 하는 말마다 확연한 차이를 보입니다. 하지만 표정 연습을 시작하는 단계라면 작은 차이만 있겠죠. 그러니 이 말들을 꾸준히 연습하면서 안면 근육의 움직임을 늘려봅시다.

마음대로 말하기

표준 표정이란 것이 있습니다. 언어가 통하지 않는 사람이라도 표정을 보고 그 사람의 기분을 알 수 있습니다. 연극무대 사진을 보고 인물의 감정을 맞히는 것처럼요. 그런데 내 표정을 보고도 상대방이 나의 감정을 몰라준다면, 내 표정이 표준 표정에 들어가지 못한다는 의미일 수도 있습니다. 그리고 나의 기분은 괜찮은데, 상대방이 자꾸 "무슨 일 있으세요?" 하고 묻는다면 내 얼굴 근육의 움직임이 표준 표정에 들어가지 않는다는 거죠. 그럼 어떻게 해야 할까요?

당연히 커뮤니케이션을 잘하고 싶은 마음이 있다면 연습해야죠. 첫째도 연습, 둘째도 연습, 셋째도 연습입니다.

서브텍스트를
캐치하는 센스

"안녕하세요?"

'안녕하세요'라는 이 평범한 인사를 어떻게 표현할 수 있을까요? 첫째, 웃는 표정을 하고 밝은 목소리로 인사했습니다. 여러분은 어떤 마음일까요? '한 주 잘 보내셨어요? 반갑습니다'입니다. 그리고 이 인사를 받은 상대는 어떤 마음이 들까요? '오랜만에 보니까 반가워하는군' 하고 생각하겠죠. 둘째, 상대가 나와 눈이 마주쳤는데도 쌩하고 지나갔어요. 그래서 다가가 고저 없는 목소리로 나직하게 인사했습니다. 어쩌면 단호한 목소리일지도요. 이때의 나는 '아니, 눈이 마주쳤으면 인사를 하는 게 예의 아닌가?' 하며 무시당해 화가 난 상태입니다. 셋째, 눈을 동그랗게 뜨고 깜짝 놀란 표정으로 높은 목소리 톤으로 인사했습니다. 속으로는 '상대가 올 거라고는 상상도 못 했는데!' 하며 놀람과 반가움이 섞인 인사였습니다.

우리는 같은 말이라도 내가 어떤 감정으로 무엇을 전달하고 싶은가에 따라서 표현을 달리해야 합니다. 그런데 미안해도 반가워도 화가 나도 같은 표정과 목소리로 말하면 커뮤니케이션이 힘듭니다. 그러니 좀 더 과감하게 표현할 필요가 있습니다. 내가 아무리 과감하게 말해도 상대방이 과하다고 생각하지 않을 수 있습니다.

그래서 앞으로 나를 표현하고 연습하는 기준은, '오늘 나를 처음 만나는 사람이 나를 봤을 때, 내가 말하는 태도, 표정이나 말투 같은 것들이 어떤가?'입니다. 알던 사람은 이미 나의 상태를 알기 때문에 뭔가 변화가 있어도 "원래대로 해!" "어색해."라고 말할 수 있기 때문이에요.

그러니까 오늘 나랑 처음 만나는 사람이 나를 어떻게 볼지 그 사람을 기준으로 실력을 쌓아야겠다는 기준을 두셨으면 좋겠습니다. 서브 텍스트의 예시를 보고 나라면 어떻게 표현했을지 떠올려보세요.

**서브텍스트
표현하기**

① "안녕하세요?"

→ 한 주 잘 보내셨어요? 반갑습니다~

→ 아니, 눈이 마주쳤으면 인사를 하는 게 예의 아닌가요?

→ 오실 거라고 상상도 못했어요. 웬일이세요?

② "미안해."

→ 내가 같은 실수를 또 했네. 앞으론 정말 조심할게.

→ 더 이상 너랑 무슨 말을 하겠냐. 됐다. 그만하자.

→ 딱 한 번만 봐주면 시키는 거 다 할게.

마음대로 말하기

❸ "나랑 얘기 좀 해."

→ 나 그 얘기 너무너무 궁금해. 오늘 꼭 듣고 싶다.

→ 계속 이런 식으로 넘어갈 거야? 오늘은 그냥 못 넘어가.

→ 그건 오해야. 설명하고 싶어. 시간 좀 내줘.

❹ "내일까지 마무리하겠습니다."

→ 실망시키지 않도록 제가 열심히 해보겠습니다!

→ 퇴근 시간인데. 지금 얘기하시면 어떡합니까?

→ 제 실수로 일이 이렇게 되어서 정말 죄송합니다.

❺ "미역국은 먹었니?"

→ 생일 축하해! 진짜 잘 태어났어!

→ 유학 가서 처음 맞는 생일인데 혼자 있어서 어떡하니…

→ 나이가 몇인데 아직도 부모님께 용돈이나 받아 쓰고. 쯧쯧.

─────── **"그걸 꼭 말해야" 안다.** ───────

- 칭찬받았을 때 나를 너무 낮추지 않는다.
- '너를 위해' 말하는 것이 아니라 '나를 위해' 말하는 것이다.
- 잘 들어야 상대방이 무엇을 원하는지 알 수 있다.
- 몇 가지 멘트를 모아 나만의 레퍼토리로 만든다.
- 이렇게도 말해보고 저렇게도 말해봐야 말이 는다.
- 상대방은 내 표정, 손짓, 몸짓으로도 내 의도를 알아낸다.
- 대화를 주도할 서브텍스트를 알아차리는 센스가 필요하다.

지금까지 마음대로 말하는 방법을 배웠습니다.

이제 마지막으로 성숙의 단계를 말하고자 합니다. 우리는 '무의식적인 미성숙' 상태에서 오랫동안 지냅니다. 지금도 무의식적인 미성숙함들이 여러분을 둘러싸고 있을지도 모릅니다. 이것은 무엇이 미성숙한지조차 알지 못하는 상태를 의미합니다.

그러다 우리는 살면서 조금씩 배우고 깨달아갑니다. 내가 무엇을 할 수 있는지, 무엇을 못하는지, 하고 싶은 것은 무엇인지, 그렇다면 나는 그것을 할 수 있는 상태인지 등을요.

이를 '의식적인 미성숙' 상태라고 합니다. 내가 아직 부족하고 어리숙한 상태임을 아는데도 생각처럼 말과 행동이 내 마음같지 않은 것이죠. 여러분은 '마음대로 말하기'의 과정을 쭉 따라오며 이제 많은 것을 알게 되었습니다.

처음에는 따라하는 것도 쉽지 않습니다. 해보지 않은 일이고 낯설 것입니다. 당연합니다. 저는 '시작이 반'이라는 말을 좋아합니다. 시작이라는 큰 걸음을 내딛은 것만으로도 좋습니다. 저는 이 책을 시작하며 했던 말을 다시 상기시켜 드리려고 합니다.

된다고 믿자.

일단 해보자.

많이 말하자.

자꾸 초심을 생각하자고 되뇌는 데는 이유가 있습니다. 처음의 당찬 포부가 무색하게 확신도 줄어들고, 마음도 점차 약해지니까요. "됩니다." 이미 여러분은 무언가를 잘 해내기 위해 이 책을 집어들고 읽었습니다. '마음대로 말하기'의 중요한 요소 중 하나를 이미 채운 셈입니다. 바로 '내가 무엇을 아는지 아는 것'입니다.

하다 보면 부족했던 점이 차차 나아집니다. 꾸준함만 한 미덕은 없습니다. 반복하고 연습하면 어느새 우리는 '무의식적인 성숙' 상태에 진입해 있을 것입니다.

성숙한 말을 하고 싶나요? 품격 있는 말을 하고 싶나요? 일에서

마음대로 말하기

도, 가정에서도 원만하게 보내고 싶나요? 우리는 말의 변화를 통해 더 나은 성과를 원합니다. 그런데 결국 일의 성과는 사람과의 관계가 결정합니다. 좋은 관계를 위해서는 말하는 방법도 달라져야 합니다.

외국어를 공부할 때 우리는 열심히 단어를 외우고 어순을 생각하고 문법을 공부합니다. 대화를 잘 하기 위해서도 연습이 필요합니다. 자신의 마음을 잘 전달하고 원하는 것을 제대로 요청하면 관계가 성장하고 좋은 성과로 이어집니다. 이것이 '마음대로 말하기'가 존재하는 이유입니다. 제가 좋아서 하는 일이 저와 함께하는 모든 분들께도 좋은 일이 되었으면 하는 바람으로 오늘도 저는 마음대로 말하기 위해 노력합니다.

끝으로, 《마음대로 말하기》가 세상에 나올 수 있도록 도와주신 활자공업소 조혜정 대표님과 예쁜 표지 선물해주신 호오 장유진 대표님 고맙습니다. 사랑 많은 사람으로 살게 해준 소중한 나의 가족들 사랑합니다. 자신감 떨어지는 순간마다 "괜찮아! 잘 하고 있어!"라고 외쳐주는 나의 소중한 친구들, 고마워요. 앞으로도 잘 부탁해요.

그리고 《마음대로 말하기》 출간을 함께 기뻐해주신 모든 분들께 저의 깊은 고마움을 전합니다.

· 본문 이미지 출처
42쪽, 44쪽, 68쪽, 97쪽 Designed by Freepik

마음대로 말하기

초판 1쇄 발행 2024년 3월 15일
초판 2쇄 발행 2024년 3월 22일

지은이 유내경
표지디자인 장유진
인쇄·제작 데이타링크
지업사 다올페이퍼

펴낸이 조혜정 **펴낸곳** 활자공업소
출판사등록신고번호 제 353-2023-000017 호
주소 인천광역시 남동구 서창남로 45 3층 304-11
전화 070-8983-4362 **팩스** 0504-413-1962
이메일 glidingbooks@naver.com

ISBN 979-11-986801-0-5 (03190)

ⓒ유내경, 2024

파본은 구입하신 서점에서 교환해 드립니다.
이 책은 저작권법에 의하여 보호를 받는 저작물이므로 무단 전재와 복제를 금합니다.